¡Vamos al cole!

Guía didáctica
de Gina de la Rosa

AF703589

Ernst Klett Sprachen
Stuttgart

¡Vamos al cole!

Guía didáctica

Autora: Gina de la Rosa

Ilustración: Anke Jessen

1ª Edición 1 98765 | 2025 24 23 22 21

La última cifra se refiere al año de esta tirada.

Dirección en Internet: www.klett-sprachen.de

Maqueta: Jürgen Kaufmann, Stuttgart
Redacción: Lucía Borrero, Marcelo Rodríguez

Impreso en Alemania por Digitaldruck Tebben GmbH, Biessenhofen

ISBN 978-3-12-514218-3

ÍNDICE	PÁGINA
Introducción	4
La casa	6
El cole	11
La ciudad	15
La calle	19
El parque	23
El restaurante	27
El museo	31
La biblioteca	35
El polideportivo	39
La fiesta de fin de curso	42
Canciones, rimas, adivinanzas, poesías	44
Páginas para fotocopiar	51

Introducción

Bienvenidos al cole

¡Bienvenidos a nuestro libro para seguir aprendiendo español!
Todos sabemos que a medida que los niños crecen, se desarrollan al mismo tiempo en ellos las ganas de aprender cada día más cosas. Nosotros deseamos acompañar a los niños y a las niñas en este proceso, brindándoles la oportunidad de que continúen aprendiendo el español como segunda lengua, desde temprana edad, y animándolos a que investiguen por su cuenta mientras aprenden, a que hagan descubrimientos y a que comparen sus vivencias con las de sus compañeros.

Razón de la Guía Didáctica

Esta guía es para usted. Nuestro propósito es ayudarle a trabajar con el libro de texto *¡Vamos al cole!*
Queremos brindarle sugerencias para que aproveche mejor cada página del libro de texto y para que realice actividades especiales con sus alumnos. Por ejemplo, le damos ideas de trabajos libres, juegos en clase y actividades complementarias que no se encuentran en el texto y que usted puede adaptar, simplificar o enriquecer de acuerdo con las necesidades de su grupo.
En esta guía, además de acompañarlo/a página a página durante la lectura de *¡Vamos al cole!*, le ofrecemos las transcripciones de las letras de las canciones y de las poesías del CD que acompaña al libro de texto. ¡Hay 18 páginas de material para fotocopiar y utilizar en la clase!

Concepción del libro del alumno

¡Vamos al cole! es un libro dirigido a niños y niñas de edades comprendidas entre los seis y los diez años. Por medio de la historia que nos cuentan Carmen y Pablito, los protagonistas de nuestro libro anterior, *¡Vamos al circo!*, los niños aprenden en este libro los saludos y las despedidas, el vocabulario relacionado con la casa, el colegio, la ciudad, la calle, el parque, el restaurante, el museo, la biblioteca, el polideportivo y una fiesta de fin de curso; el uso de preposiciones y de algunos verbos; los pronombres; los artículos; ¡y mucho más!
Hemos elegido el tema del colegio porque los niños pasan ahí muchas horas con otros niños de diferentes nacionalidades, culturas e idiomas, lo cual contribuye a ampliar su visión del mundo.

Objetivo del libro

El objetivo de *¡Vamos al cole!* es que los niños y niñas adquieran mayores conocimientos del español de una forma natural, mediante juegos, dramatizaciones, poesías, canciones, trabajos manuales y ejercicios de lectoescritura muy sencillos y apropiados para su edad, que respetan el ritmo de aprendizaje de cada estudiante y despiertan su interés por una cultura nueva.

Estructura del libro

El libro consta de diez unidades que cubren los siguientes temas: la casa, el cole, la ciudad, la calle, el parque, el restaurante, el museo, la biblioteca, el polideportivo y la fiesta de fin de curso.
Es un libro fácil de manejar tanto para los alumnos como para los docentes, porque incluye:

§ Un índice de contenido con los logos y códigos de color que distinguen a cada unidad (van ubicados en la parte superior de cada página). Por ejemplo, una ardilla y el color rojo para la unidad sobre el parque, un libro y el color rosado para la unidad sobre la biblioteca.

Introducción

¡Vamos al cole!

Español para niños
de Begoña Beutelspacher

Ernst Klett Sprachen
Barcelona Belgrad Budapest Ljubljana London Posen Prag
Sofia Stuttgart Zagreb

ÍNDICE	PÁGINA
La casa	3
El cole	9
La ciudad	15
La calle	21
El parque	27
El restaurante	33
El museo	39
La biblioteca	45
El polideportivo	51
La fiesta	57

- Seis páginas por cada unidad, que siempre comienzan con una ilustración de página completa. Las páginas están numeradas tanto en cifras como en letras para facilitar su identificación.
- Tres logos adicionales, que se emplean a lo largo de todo el libro:

el mono Pepe con un lápiz, cuando hay una actividad en la que es preciso escribir.

el mono Pepe con un pincel, cuando hay una actividad en la que es preciso pintar.

el pelícano Zulu, cuando hay una actividad en la que es preciso recitar o cantar.

el mono Pepe con unas tijeras, cuando hay una actividad en la que es preciso recortar (y pegar).

- Burbujas rectangulares con invitaciones al diálogo por parte de los diferentes personajes del libro.

Metodología

Creemos en un enfoque comunicativo de la enseñanza de las lenguas y también creemos que el aprendizaje multisensorial —mediante juegos con movimiento y danzas, entre otros— y el pensamiento visual —apoyado en dibujos, trabajos manuales, ejercicios de colorear y de memoria— ayudan en el proceso. Es de vital importancia que los niños aprendan haciendo uso de sus cinco sentidos.
Consideramos que es preciso realizar tareas basadas en lo que se está aprendiendo. Por eso este libro está lleno de juegos, canciones y tareas que cumplen ese propósito.

Los juegos preparan y ejercitan a los niños para las exigencias de la vida adulta. Satisfacen además su necesidad de expresarse en forma libre y creativa, dejando en libertad las emociones. Los juegos que proponemos favorecen la cooperación, no la competitividad.

Las canciones ayudan a memorizar, a pronunciar mejor y a aprender entonación. Muchas veces están acompañadas de juegos o danza. Favorecen la integración rápida entre los niños y las niñas y son actividades que ellos/as aceptan con gusto. No olvidemos que las canciones infantiles forman parte de la cultura oral. ¡A todo niño o niña le gusta cantar!

Las tareas aparecen a lo largo de todo el libro. Con ellas, el/la alumno/a pone en práctica lo que acaba de aprender y en muchos casos lo personaliza, en especial cuando puede comparar sus vivencias con las explicaciones del tema que se está tratando. Por ejemplo, cuando en el libro se hace una invitación como ésta: *Ahora voy a dibujar los deportes que practico, o voy a hablar de los animales que más me gustan.*

La casa

Carmen y Pablito viven y van al cole en un circo.
Hoy Carmen espera a Pablito y mira por la ventana. "¡Hola! Ya estoy aquí.
Venga, que hoy nos toca hablar sobre la ciudad".

Objetivos

- Despertar el interés de los niños por el idioma español
- Conocerse con los compañeros del grupo
- Presentarse
- Saludar y despedirse
- Introducir el vocabulario de las partes de la casa y el mobiliario
- Hablar sobre la casa, describir la habitación de Carmen
- Usar los artículos *el* y *la*
- Usar los verbos *ser* y *tener*, y el verbo reflexivo *llamarse*
- Usar el verbo *estar* y las preposiciones de lugar *encima de, debajo de, delante de, detrás de*
- Familiarizarse con los colores

Contenidos

Vocabulario: el tejado, la puerta, la ventana, la escalera, la habitación; la silla, la cama, la mesa, el cuadro, el reloj; encima de, debajo de, delante de, detrás de; el azul, el rojo, el amarillo; ser, tener, llamarse.

Expresiones útiles
¡Bienvenidos!
Hola, ¿cómo te llamas?
Hola, me llamo...
Hola, yo soy... Ella se llama... Él se llama...
Yo soy... Ella es... Él es...
Hola, ya estoy aquí
¿Dónde está...?

¡El primer día de clase!
Llegue unos minutos antes que los niños y decore el aula. Para ello, puede utilizar fotos de gente y animales, postales de ciudades e incluso banderas de los países de habla hispana. Es útil tener a la mano un mapa donde los niños puedan ver en qué países del mundo se habla español.
Si lo desea, ponga un poco de música. Le recomendamos usar el CD que acompaña a este libro.
Lleve tarjetas en blanco y rotuladores de colores para que los niños escriban en ellas sus nombres.
Salude a cada niño/a y a sus padres individualmente a medida que vayan llegando al salón. Intente conocerlos un poco; pregúnteles qué los motivó a elegir este curso de español.
Si tiene una cámara fotográfica, puede aprovechar este momento para tomar algunas fotos de los niños, solos o con sus padres (más adelante le servirán para elaborar un calendario de cumpleaños, un mural o un álbum de fotos de la clase).
Prepare una lista del material que se necesita para la clase y repártala entre los niños.

- Libro de texto: *¡Vamos al cole!*, Editorial Klett/ ISBN 3-12-514216-4
- lápiz
- lápices de colores
- sacapuntas
- pegamento
- tijeras
- regla
- cuaderno A4
- libreta pequeña para anotar los deberes
- foto de cada niño

Después de los saludos, cada niño/a escribe su nombre en una tarjeta (que usted les ha proporcionado). Usted también escribe el suyo. Todos pondrán estas tarjetas sobre sus mesas —si las hay— o las colgarán de su ropa, de tal forma que todos sepan el nombre de cada cual.

Página introductoria

Material necesario: ilustraciones de distintos tipos de viviendas (incluido un circo), imágenes de los muebles de una casa (opcional: una casa de muñecas amoblada).

Procedimiento: Antes de abrir el libro, puede poner música típica de circo y preguntar a los niños qué les recuerda esa música. Luego, invítelos a abrir el libro y a contemplar la ilustración. Deje que vuele la imaginación de los niños. Escuche sus comentarios, no importa que sean en la lengua materna. La música y los dibujos les harán evocar recuerdos que desea traerles a la mente.
Hable con los niños de lo que recuerdan del circo y de los personajes que aparecen en la ilustración: Carmen y Pablito.
En la parte inferior de la ilustración, en la franja de color, aparece el texto *Carmen y Pablito viven y van al cole en un circo.* No traduzca ese texto, permita que los niños intenten hacerlo ellos mismos.
Cuando esté aclarado el significado de la frase, es el momento de introducir el tema de la casa. Puede preguntar: *¿Cómo creen que es la casa de Carmen por dentro?* Permítales dibujar la casa tal como se la imaginan.
Una vez terminados los dibujos, colóquelos a modo de mural y coméntenlos (más adelante los puede utilizar para introducir el vocabulario de los muebles).
Puede aprovechar este momento para enseñar el primer poema. Se pone el CD una vez y luego lo repite. Para dar a los alumnos un apoyo visual, puede tener fotocopias con la letra del poema o escribirla de antemano sobre la pizarra.
Después de escuchar el poema, léalo en voz alta; recítenlo a continuación todos juntos.
Para que los niños tengan una idea más clara sobre el significado del poema, puede dibujar en la pizarra una choza y colorear el techo con tizas de colores.

María Chucena
María Chucena su choza techaba,
y un techador que por ahí pasaba le dijo:
— ¡María Chucena! ¿Techas tú tu choza o techas la ajena?
— Ni techo mi choza ni techo la ajena.
Yo techo la choza de María Chucena.

Página 4

Material necesario: Pida a los niños que traigan su animal de peluche o muñeco preferido (hay que avisarles de antemano a los padres, o escribirles una nota en la libreta de tareas de los niños). Traiga usted también un muñeco o un títere (para practicar con él los pronombres masculino y femenino).

Procedimiento: Abran el libro en la página 4. Lean cómo se llaman los personajes. Ahora preséntese usted y haga que cada cual también se presente y que presente a su muñeco o títere: *Yo soy... Él es... Ella es...* (puede colocar un cartelito a cada muñeco como ayuda visual para los niños).

Yo soy...	**Él es...**	**Ella es...**

Éste es buen momento para realizar la práctica oral. Explique que usted habla español y también la lengua de los niños, pero que los muñecos sólo hablan español, de modo que hay que dirigirse a ellos en español. Los niños comienzan a preguntar y a responder en turnos porque los muñecos también preguntan.
Los turnos se realizan con una pelota que se van lanzando entre todos. De este modo, nadie sabe cuándo le va a tocar el turno. También puede preguntar, por ejemplo: *¿Cómo se llama el/la muñeco/a de María?* Ellos contestarán: *Él es... Ella es...* o *Él se llama... Ella se llama...*

→ Actividad complementaria

Material necesario: página para fotocopiar n° 1, cartulinas de colores (de colores fuertes, y también una negra), rotuladores de colores, tijeras, pegamento, una foto (puede ser la que tomó el primer día de clase), casete o CD con música instrumental.

Confeccione con los niños un tren. Para ello, fotocopie para cada niño la silueta de un tren (página para fotocopiar n° 1).
Reparta las fotocopias. Deje que los niños elijan el color de la cartulina con que desean trabajar. Los niños pegan la fotocopia sobre la cartulina y la dejan secar durante unos minutos.
Luego recortan el vagón y la ventana del tren. También recortan las ruedas y las pegan al vagón. A continuación, pegan su foto por detrás de la ventana de cada vagón, como si la ventana fuera el marco de un porta-

rretratos. Escriben su nombre debajo de cada ventana con los rotuladores de colores: *Yo soy…* o *Me llamo…*
Permítales a los niños decorar los vagones a su gusto.
Cuando hayan terminado, pegue en una pared los vagones del tren con las fotos de todos los niños y niñas de la clase, uno detrás de otro (si lo desea, más adelante puede añadir la fecha del cumpleaños de cada alumno/a).
Puede poner música, de preferencia instrumental, mientras los niños realizan esta actividad.

Página 5

Material necesario: CD del curso, abecedario mural, lápices de colores.

Procedimiento: Haga fotocopias ampliadas de las letras del abecedario que aparecen en la página para fotocopiar n° 2 y utilícelas para crear un mural.
Pregunte a los niños: *¿Cuáles son las vocales?*
Entre todos, busquen en el abecedario las vocales y léanlas en voz alta.
También pueden jugar a que los niños digan nombres de personas que empiezan con las vocales. Ejemplo: *Alberto, Elena, Inés*, etc.
Una vez identificadas las vocales, los niños abren sus libros. Pregúnteles qué ven en la ilustración y quién vive ahí. Después, identifiquen las partes de la casa: el tejado, la puerta, la ventana, la escalera. Luego, coloreen los dibujos.
Los niños completan las palabras con las vocales que faltan. Leen las frases y van señalando las partes de la casa en el dibujo.

→ Actividad complementaria

Procedimiento: Introduzca ahora la canción de las vocales. Eschúchenla dos veces. Para que los niños tengan un apoyo visual, lleve fotocopias con la letra de la canción o escríbala de antemano en la pizarra. Léala en voz alta y luego cántenla todos juntos.
Explique el significado de la canción. Puede ayudarse con dibujos.

Las vocales
a: la vaca se va
e: la vaca se fue
i: la vaca está aquí
o: la vaca se cayó
u: la vaca eres tú

Este poema se puede aprender saltando una soga. Dos niños/as baten la soga y un/a tercer/a niño/a salta. Los niños que baten la soga recitan el verso y el que salta debe hacerlo sin tocar la soga. Si la toca, pierde y tiene que darle el turno a un/a compañero/a.

Página 6

Procedimiento: Los niños abren el libro y usted les explica que ésta es la habitación de Carmen. Pídales que busquen determinados objetos en el dibujo (la silla, la cama, la mesa, el cuadro y el reloj) y que los coloreen.
Luego, buscan las palabras que están escondidas en la sopa de letras. Entre todos comentan qué palabras encontraron y asocian esas palabras con los dibujos respectivos en la habitación de Carmen.
A continuación explique cómo llenar el crucigrama (quizás algunos niños no hayan hecho nunca un crucigrama). Hagan entre todos el número 1 (explique en la pizarra cómo). El resto del crucigrama lo pueden completar en parejas.
Por último, compruebe si cada palabra escondida está bien escrita y si todos las escribieron igual.

→ Actividades complementarias

1. En sus cuadernos, los niños pueden escribir las palabras que aprendieron (la silla, la cama, la mesa, el cuaderno, el reloj, el armario) y dibujar junto a ellas las imágenes correspondientes, así:

La puerta 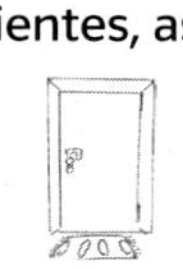

La escalera 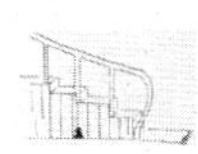

Es posible ampliar el vocabulario utilizando el dibujo de la habitación de Carmen (página 6) o guiándose por las inquietudes que planteen los niños.

2. Los niños preparan un dictado. Para ello, escriba en la pizarra los nombres de las partes de la casa y de los objetos de la habitación de Carmen: el tejado, la puerta, la ventana, la escalera, la silla, la cama, la mesa, el cuadro, el reloj y el armario.
Los niños leen en coro estas palabras y las copian en sus cuadernos, cada palabra dos o tres veces. Un/a niño/a puede dictarle las palabras a otro/a niño/a, de manera que uno practica la escritura y el otro la lectura.
3. **Material necesario:** página para fotocopiar n° 3, cartulina, tijeras, pegamento, lápices de colores.

La casa

A continuación, indique cómo jugar al dominó. Entregue a cada niño/a una fotocopia de la página del dominó (página para fotocopiar nº 3). Los niños pueden colorear las fichas. Luego pegan el dominó sobre la cartulina y recortan las fichas siguiendo las líneas.
El objetivo de esta actividad es que los niños reconozcan las partes de la casa y el mobiliario. Las destrezas que van a practicar son leer y hablar. La duración del juego es diez minutos, aproximadamente.
Aunque cada niño/a tiene un juego completo de fichas de dominó, sólo se utiliza un juego por grupo. Cada niño/a del grupo recibe tres fichas. Se coloca una ficha boca arriba en el centro de la mesa. El resto de las fichas (boca abajo) forma el mazo.
El/la primer/a niño/a coloca una ficha a continuación de la primera, que coincida con la palabra o el dibujo que aparece en la primera ficha. Antes de colocar su ficha, debe leer en voz alta la palabra y decir el nombre del objeto en la ficha que está sobre la mesa, con el fin de que ponga en práctica dos destrezas: leer y hablar.
El/la siguiente niño/a coloca otra ficha que coincida con la palabra o dibujo que se encuentra en el extremo de la ficha del dominó. Y así sucesivamente.
Si un/a niño/a no tiene la ficha apropiada, debe tomar una del mazo. Si le sale la ficha apropiada, puede colocarla; de lo contrario, se queda con ella.
Gana el primero que consiga colocar sobre la mesa todas sus fichas.

Página 7

Los niños abren el libro. Pregunte cómo se llaman los animales que aparecen ilustrados.
Lean la primera frase —lo puede hacer cualquier niño/a, aunque no entienda bien lo que está escrito— e intenten entre todos averiguar qué significa. Se pueden ayudar con los dibujos. Haga énfasis en las preposiciones: *encima de, debajo de, delante de, detrás de, junto a.*
Pregunte: *¿Dónde está Pepe?* Después de que algún niño/a haya contestado, permita que le pregunte lo mismo a su compañero/a; continúen así sucesivamente.
Pueden colorear los dibujos como quieran.
Los niños completan las frases de la parte inferior de la página 7 con las palabras que faltan y luego las leen en voz alta. Si lo desea, puede ampliar el vocabulario con nuevas palabras: *a la derecha, a la izquierda, al lado de.*

→ Actividad complementaria

Material necesario: plastilina, tarjetas pequeñas de cartulina blanca en las que ha escrito *encima de, debajo de, delante de, detrás de, a la derecha, a la izquierda, junto a, al lado de* (un juego de tarjetas por grupo).

Reparta la plastilina y pídales a los niños que moldeen una cama, una mesa, una puerta, una ventana, el mono Pepe y el pelícano Zulu.
Las tarjetas se colocan en la mesa en un mazo, boca abajo.
El primer jugador toma una tarjeta y lee la palabra que aparece en ella.
Los otros jugadores deben elegir entre Pepe o Zulu, y deben escoger uno de los objetos que moldearon en plastilina. Luego deben formar una frase con la palabra que leyó el primer jugador. Ejemplo: la tarjeta "encima", el mono Pepe, la cama. Los niños deben colocar a Pepe encima de la cama, y el jugador que leyó la tarjeta le pregunta a otro/a niño/a de su grupo: *¿Dónde está Pepe?*
El /la niño/a debe contestar: *Pepe está encima de la cama.*
El/la niño/a que responde lee la tarjeta siguiente.
Se juega en grupos de 3 ó 4 niños. Duración: 15 minutos aproximadamente.

Página 8

Material necesario: tarjetas con los nombres de los colores (rojo, azul, amarillo), acuarelas, pinceles, 3 cartulinas blancas A1 o A2 (cada una con un círculo en el centro, azul, rojo y amarillo).

Procedimiento: Para empezar la actividad, divida la clase en tres grupos, coloque las tres tarjetas boca abajo sobre una superficie y llame a un/a niño/a de cada grupo para que elija una, la dé vuelta y diga en voz alta qué color le correspondió. El nombre de cada grupo será el del color que le tocó: Grupo Azul, Grupo Rojo y Grupo Amarillo.
Reparta a los niños las acuarelas, los pinceles (uno por persona) y las cartulinas correspondientes a cada grupo (la del círculo azul para el Grupo Azul, etc.).
Los niños pintan libremente en las cartulinas todo lo que ellos relacionan con el color que les ha tocado. Por ejemplo, el Grupo Amarillo puede dibujar el sol, un girasol, etc.; el Grupo Azul puede pintar el mar, el cielo; y el Grupo Rojo puede pintar una rosa, una manzana, etc.
Forme un mural con los trabajos y coloque debajo de cada uno la tarjeta con el nombre del color correspondiente; comenten los trabajos.
Después de esta actividad, pida a los niños que abran sus libros y lean juntos las indicaciones; ellos dibujan las ventanas de la casa de color azul, la puerta de rojo y el tejado de amarillo.

La siguiente tarea es personal. Los niños dibujan su habitación y escriben los nombres de algunos de los objetos que hay en ella. Ayúdeles a añadir palabras nuevas, si así lo desean.

→ **Actividad complementaria**

Materiales: globos de colores (asegúrese de llevar globos para todos los niños), una pandereta o un silbato (esta actividad se debe realizar en un lugar donde los niños puedan correr, como la cancha de deporte del colegio o el patio de recreo).

Procedimiento: Divida la clase en tres grupos. Cada grupo recibirá la misma cantidad de globos inflados (de color azul, amarillo, verde, rojo, etc.). Los niños se sentarán en uno de los extremos de la cancha, uno detrás del otro, en fila. Los globos de cada equipo se colocarán en el otro extremo de la cancha, frente a sus respectivos equipos.

Grupo 1
grupo de globos de colores

Grupo 2
grupo de globos de colores

Grupo 3
grupo de globos de colores

Usted dirá el color que los niños deben recoger y dará la señal de partida con el silbato. También puede usar el silbato durante la competencia para motivar a los jugadores.
Los tres primeros niños de cada grupo correrán en dirección a los globos. Cada uno debe correr hacia el grupo de globos que le corresponda a su equipo, tomar el globo del color que usted ha indicado y regresar corriendo a su sitio, a sentarse.
El primero que llegue gana un punto para su grupo. Al final, gana el equipo que tenga más puntos.
Al terminar, es importante comentar esta actividad. Hágales ver a los niños que cada equipo lo ha hecho muy bien. Si hubo desacuerdos durante la competencia, aproveche la oportunidad para recordarles que también es importante saber perder.

El cole

Ya están en el cole. Los niños y las niñas se saludan. Empieza la clase. "Buenos días, silencio por favor, vamos a empezar".

Objetivos

- Saludar y conocer a los compañeros de clase
- Aprender los adjetivos de nacionalidad masculinos y femeninos
- Introducir expresiones de uso frecuente en el salón de clase
- Presentar los útiles escolares
- Hablar sobre los objetos que hay en el salón
- Usar los verbos *estar, tener, ser,* y el verbo reflexivo *llamarse*
- Usar los artículos determinados e indeterminados
- Usar el plural de los sustantivos
- Preguntar *¿De dónde eres? ¿Qué es esto? ¿Dónde está...? ¿Qué hay en...?*
- Usar las preposiciones de lugar *encima de, debajo de, delante de, detrás de*
- Describir qué hay dentro de la mochila
- Identificar los colores: *amarillo, verde, azul, rojo, blanco, negro, rosa...*
- Conocer los adjetivos posesivos: *mi, tu, su...*

Contenidos

Vocabulario: el calendario, la papelera, el pupitre, la mochila, la pizarra, el mapa, el lápiz, la goma, el cuaderno, las pinturas; Alemania (alemán/alemana), Cuba (cubano/cubana), Argentina (argentino/argentina), China (chino/china), Perú (peruano, peruana), Colombia (colombiano, colombiana).

Expresiones útiles
¡Buenos días!
¡Silencio, por favor! Vamos a empezar.
Vamos a jugar...
Dibuja/colorea/escribe en tu cuaderno/libro
Pregunta a tu compañero/a...
Compara con...
Soy de... Soy...
¿Qué es esto? Es un/una...
¿Dónde está? Está encima de... debajo de... delante de... detrás de...
¿Qué hay en tu mochila? En mi mochila hay...

Página introductoria

Material necesario: un globo terráqueo o un mapa del mundo, tarjetas con los nombres de los países de procedencia de los nuevos personajes del libro (España, Perú, Argentina, Alemania, Cuba, China, Colombia).

Procedimiento: Pida a los niños que abran los libros en la página 9. Contemplen juntos la ilustración y pregunte: *¿Dónde están Carmen y Pablito?*
Presente a los compañeros de Carmen (España) y Pablito (Perú): Cristina (Argentina), Klaus (Alemania), Jorge (Cuba), Ly (China), la maestra Mariella Cortez (Colombia).

En la ilustración, señale a Carmen y a Pablito:
Ella es Carmen. Es de España.
Él es Pablito. Es de Perú.

Ahora presente a los nuevos personajes:
Él es Jorge. Es de Cuba.
Él es Klaus. Es de Alemania.
Ella es Ly. Es de China.
Ella es Cristina. Es de Argentina.
Ella es Mariella Cortez, la maestra. Es de Colombia.

Para tener un apoyo visual, escriba de antemano en la pizarra los pronombres (*yo, él, ella*); los nombres de *Carmen, Pablito, Jorge, Klaus, Ly, Cristina* y *Mariella Cortez*; y los nombres de los países de procedencia de los personajes: *Perú, España, Cuba, Alemania, China,*

Argentina, Colombia.

Ella es Carmen, es de España.
Él es Pablito, es de Perú .
Yo soy... Soy de...
Tú eres... Eres de...

Siguiendo el ejemplo, los niños se presentan y presentan a los amigos de Carmen y Pablito y sus países de procedencia:

Jorge	Cuba
Klaus	Alemania
Ly	China
Cristina	Argentina
Mariella Cortez	Colombia

→ **Actividad complementaria**

Material necesario: página para fotocopiar n° 4, tijeras, pegamento, cartulina, cuaderno, pizarra.

Procedimiento: Divida la clase en parejas. Reparta a cada niño/a la página para fotocopiar n° 4 y pídale que pegue esa fotocopia sobre la cartulina y recorte las tarjetas.
El objetivo de esta actividad es que los niños construyan oraciones, identifiquen a los nuevos personajes, aprendan los nombres de los países de procedencia de cada uno de ellos y que, por deducción, relacionen las nacionalidades con los respectivos países.
Las destrezas que van a practicar son leer, hablar, escuchar, escribir. La duración del juego es de 20 minutos aproximadamente.
Los niños eligen al personaje con el cual desean comenzar el juego (figura de la fotocopia) y luego construyen oraciones con sus tarjetas.
Haga usted el primer ejemplo en la pizarra utilizando tizas de colores. También lo puede hacer empleando tarjetas más grandes (amplíe la página para fotocopiar n°4) y pegando las tarjetas en la pizarra.

(dibujo de Pablito)	*Él es Pablito.*
Pablito es de Perú.	*(Él) es peruano.*
(dibujo de Carmen)	*Ella es Carmen.*
Carmen es de España.	*(Ella) es española.*

Cuando los niños terminen de construir las oraciones (compruebe que estén bien escritas), empiezan a trabajar en grupo o en parejas. Un/a niño/a pregunta al otro, señalando el dibujo: *¿Cómo se llama él? ¿De dónde es? ¿Cómo se llama ella? ¿De dónde es?*
El/la otro/a niño/a responde, leyendo la frase que construyó con las tarjetas: *Él es Jorge, es de Cuba. Ella es Carmen, es de España.*
El/la niño/a que responde hace la pregunta siguiente.

→ **Actividades complementarias**

1. En sus cuadernos, los niños pueden escribir las oraciones que construyeron con las tarjetas (*Él es Pablito, es peruano. Ella es Carmen, es española. Ella es Ly, es china. Él es Jorge, es cubano. Él es Klaus, es alemán. Ella es Cristina, es argentina. Ella es Mariella Cortez, es colombiana. Yo soy... Soy alemán/alemana.)*

2. Pueden dibujar y colorear las banderas de los países de origen de los personajes y escribir debajo el nombre de cada país.

3. Pueden usar las banderas como decoración del salón de clases (trabajo manual en grupos). Cada grupo confecciona una bandera. Escriba debajo de cada bandera el nombre del país que le corresponde.

Página 10

Material necesario: tarjetas en blanco, CD del curso.

Procedimiento: Pida a los niños que abran los libros en la página 10 y lean juntos las palabras nuevas: *el calendario, la papelera, el pupitre, la mochila, la pizarra, el mapa*. Lea usted ahora nuevamente esas palabras; los niños seguirán la lectura mentalmente.
Pida que cada niño/a lea en voz alta las palabras. También pueden hacerlo en parejas. Corrija la pronunciación.
Reparta a cada niño/a una tarjeta en blanco. Pídales que escriban en la tarjeta una de las palabras que acaban de aprender. Procure tener todos esos objetos a la mano, distribuidos en distintos lugares del salón de clase.
Recoja todas las tarjetas, forme un mazo con ellas y colóquelo en una mesa.
Por turnos, cada niño/a toma una tarjeta del mazo, lee en voz alta lo que está escrito en la tarjeta y busca el objeto en el salón. Una vez identificado, coloca la tarjeta junto a éste o se la pega al objeto con cinta adhesiva.
Después de esta actividad, pida a los niños que coloreen los dibujos del libro; si quieren, pueden utilizar los mismos colores que tienen la papelera, la pizarra, el mapa, la mochila y el calendario del salón de clase.
Siga trabajando con el libro. Explique el mecanismo para llenar el crucigrama. Hagan entre todos el núme-

ro 1 (explique en la pizarra cómo). El resto del crucigrama lo pueden completar en parejas. Cuando terminen, compruebe que cada palabra esté bien escrita y que todos la tengan igual.

→ **Actividad complementaria**

Material necesario: página para fotocopiar n° 5, rotuladores de colores, tijeras, pegamento, los cuadernos y casete o CD con música instrumental.

Reparta a cada niño/a la página para fotocopiar n° 5 y pídales que coloreen los dibujos de las tarjetas. Mientras realizan esta actividad puede poner música de fondo. Luego todos recortan las tarjetas y las pegan en sus cuadernos.
A continuación, pídales que escriban debajo de cada dibujo el nombre correspondiente (con el artículo determinado e indeterminado). Luego, dígales que dibujen en los espacios vacíos un objeto que ellos conozcan y que escriban cómo se llama.

dibujo	dibujo	dibujo
la pizarra una pizarra	la mochila una mochila	el pupitre un pupitre
dibujo	dibujo	dibujo
la papelera una papelera	el mapa un mapa	el calendario un calendario

Ahora es buen momento para practicar la pronunciación y los artículos determinados e indeterminados, y para memorizar las palabras. En parejas, caminando por el salón de clase, un/a niño/a pregunta: *¿Qué es esto?* (señala el objeto). Otro/a niño/a responde, por ejemplo: *Es una papelera.*
El/la niño/a que responde hace la pregunta siguiente.

Página 11

Material: un cuaderno, unas pinturas, un lápiz, una goma.

Procedimiento: Los niños abren los libros en la página 11. Pídales que lean en voz alta con usted y corrija la pronunciación. A continuación cierran los libros.
Coloque en una mesa el lápiz, la goma, el cuaderno y las pinturas. Usted toma el lápiz, lo muestra a los niños y dice: *El lápiz*. Ellos repiten: *El lápiz.*
Ahora toma la goma, la muestra a los niños y dice: *La goma*. Ellos repiten: *La goma.*
Vuelve a mostrar el lápiz pero esta vez no dice nada.
Los niños deberán decir: *El lápiz.*
Muestra la goma, sin decir nada, y ellos deberán decir: *La goma.*
Esta acción la repite con el cuaderno y las pinturas.
Cuando tenga la seguridad de que ya saben el vocabulario, pídales que repitan con usted las palabras de la página 11 dando una palmada por cada sílaba: *lá-piz, go-ma, cua-der-no, pin-tu-ras.*
Trabajen ahora en la segunda actividad de la página 11. Contemplen juntos el dibujo. Pregúnteles si reconocen los objetos y cómo se llaman (el libro, las pinturas, el lápiz, la mochila, la goma, el pupitre, la silla, la pintura/el dibujo). Pídales que coloreen el dibujo.

Explíqueles que Zulu desea saber dónde está la goma.

Zulu pregunta: ***¿Dónde está** la goma?*
Pablito le responde: *La goma **está encima de** la mochila.*

Usted pregunta: ***¿Dónde está** el cuaderno?*
Un/a niño/a responde: *El cuaderno **está encima del** pupitre.*

Luego repite la pregunta con la mochila, las pinturas y el lápiz.

→ **Actividad complementaria**

1. En sus cuadernos, los niños pueden escribir las palabras que aprendieron (la goma, el cuaderno, las pinturas, el lápiz, el calendario, la papelera, el pupitre, la mochila, la pizarra, el mapa) y dibujar junto a ellas los objetos correspondientes, así:

la goma 

el cuaderno 

2. Los niños realizan un ejercicio de deletrear palabras. Para ello, escriba en la pizarra el siguiente vocabulario: *el lápiz, la goma, las tijeras, la maestra, el cuaderno, las pinturas, la papelera, el pupitre, la mochila, la pizarra, el mapa.*
En parejas, un/a niño/a deletrea una palabra y su compañero/a la escribe. Luego invierten los papeles con la siguiente palabra, hasta que las hayan deletreado todas. Para concluir, el grupo lee en coro todas las palabras y cada uno copia en su cuaderno cada palabra dos o tres veces.

→ **Actividad complementaria**

Material necesario: CD del curso, fotocopia del juego "veo-veo", los útiles escolares que cada niño tenga en la mochila.

Procedimiento: Forme un círculo con las sillas y pida a cada niño/a que saque de su mochila dos útiles (lápiz, goma, tijeras, lo que desee...) y los coloque en el centro del círculo.
Explique que ahora van jugar al veo-veo. Reparta fotocopias con el texto del juego o escríbalo de antemano en la pizarra, como ayuda visual. Escuche dos veces la grabación. Después de haber escuchado el juego, léalo en voz alta.

Usted comienza el juego eligiendo uno de los objetos que se encuentran en el centro del círculo. Los niños deben adivinar qué objeto es. El/la niño/a que adivina elige a continuación otro objeto y los demás niños deben de adivinar cuál es, y así sucesivamente.

Veo, veo

— Veo, veo.

— ¿Qué ves?
— Una cosita.
— ¿De qué color?
— Roja.

— ¿El libro?

— No, no.
— ¿El lápiz?
— Sí, el lápiz.

Entra Rosa, color de mariposa,
salta clavel, color de moscatel.

Página 12

Material necesario: cartulinas blancas, rotuladores de colores, pinturas, acuarelas, pinceles, tijeras, revistas para recortar, pegamento, casete o CD con música instrumental.

Procedimiento: Los niños abren los libros en la página 12, dibujan el salón de clase y lo colorean, o si lo prefieren realizan un collage con recortes de revistas, retazos de tela o cualquier otro material que usted ponga a su disposición. Este trabajo se puede hacer en grupos de cuatro niños (en cartulinas grandes) o en forma individual (en los libros). Deben escribir debajo de cada objeto dibujado el nombre respectivo.
Forme un mural con los trabajos terminados y permita que los niños los comenten.
Puede poner música mientras los niños realizan esta actividad.

Página 13

Material necesario: lápices de colores, una bolsita de tela o cajita, papelitos en los que ha escrito: *la mochila, la goma, el cuaderno, las pinturas, la pizarra, el mapa, la papelera, el calendario, el lápiz.*

Procedimiento: Antes de realizar esta actividad, asegúrese de que todos conozcan las reglas del bingo. Si no las conocen, debe explicarlas. Dé tiempo para que los alumnos dibujen los elementos de las cuatro casillas seleccionadas. Doble los papelitos e introdúzcalos en la bolsa de tela o cajita.
Cuando todos los niños estén listos, empieza el juego. Usted saca de la bolsa o cajita un papel y lo lee dos veces; luego lo pega en la pizarra para que todos lo puedan ver, saca el segundo papelito y repite la acción, hasta que alguien cante *Bingo*. El/la niño/a que canta *Bingo* lee las palabras acertadas y usted las va controlando con los papelitos que están pegados en la pizarra. Si está todo bien, le puede dar un premio.
Si los niños desean repetir el juego, quien ganó el bingo antes lo cantará ahora.
Es posible ampliar el vocabulario guiándose por las inquietudes que planteen los niños, los útiles que tengan en sus mochilas o los objetos del aula.

Página 14

Material necesario: página para fotocopiar n° 6, lápices de colores.

Procedimiento: Ahora los niños van a ayudar a Carmen, Pablito, Klaus y Ly a encontrar sus mochilas. Para ello, observan juntos los dibujos de las cuatro mochilas. Pregunte qué hay dentro de ellas (cuaderno, pinturas, goma, lápiz). Pídales a los niños que lean lo que dicen Ly, Klaus, Carmen y Pablito, y que relacionen a cada niño con su respectiva mochila.
Reparta las fotocopias, una para cada niño/a, y pídales que dibujen y coloreen lo que hay dentro de sus mochilas. Puede poner música mientras los niños trabajan.
Una vez terminados los dibujos, cada niño/a escribe su nombre en una esquina del papel, de tal manera que todos puedan leerlo. Haga un mural con los trabajos y péguelo en la pizarra o en un lugar visible para todos.
Luego pueden jugar. Van a repasar el vocabulario aprendido, incluyendo los colores. Usted comienza con la pregunta: *¿Qué hay en la mochila de Ly?* Un/a niño/a responde: *Hay un cuaderno rojo y un lápiz negro.* Ahora él/ella hace la siguiente pregunta. Para que los niños tengan un apoyo visual, es aconsejable escribir en la pizarra la pregunta y la respuesta.

La ciudad

La ciudad es un lugar interesante. Hay muchos lugares por descubrir.
"¿Dónde está el parque?"

Objetivos

- Hablar de los lugares interesantes de la ciudad
- Preguntar o pedir información: *¿Dónde hay...? ¿Dónde está...? ¿Adónde vas...?, ¿Qué hay en...?*
- Dar información: *Hay un/una... Está en... Voy a...*
- Usar los verbos *ir, tener, estar, tomar*
- Aprender la concordancia de género y número
- Usar los artículos determinados e indeterminados
- Introducir el singular y el plural de los sustantivos
- Repasar las preposiciones de lugar (*delante de, detrás de, a la derecha de, a la izquierda de*)
- Fomentar el respeto a los lugares públicos

Contenidos

Vocabulario: la ciudad, la estación de tren, el parque, el polideportivo, la iglesia, el hospital, el cole/la escuela, el teatro, el aeropuerto, la biblioteca, el cine, el aparcamiento, el banco, el zoo/el parque zoológico, el restaurante, el museo, el camino.

Expresiones útiles
¿Qué hay en la ciudad?
En la ciudad hay...
¿Dónde hay un/una...?
En... hay un/una...
¿Adónde vas? Voy a...
¿Qué camino tiene que tomar para ir a...?
Para ir a... tiene que tomar...
¿Cómo se dice en español...?

Página introductoria

Material necesario: ilustraciones de diversas partes de la ciudad (hospitales, aparcamientos, bancos, aeropuertos, escuelas, bibliotecas, etc.); CD del curso; tarjetas en blanco, rotuladores de colores, pegamento y tijeras, 4 cartulinas blancas A1 o A2.

Procedimiento: Pida a los niños que abran los libros en la página 15 (escriba el número en la pizarra). Explíqueles que ésta es la ciudad dónde viven Carmen, Pablito y sus amigos. Observen juntos la ilustración. Pregunte: *¿Qué ven? ¿Quiénes están en el dibujo? ¿Cómo se llaman? ¿Dónde están?*
Lean juntos el texto y entre todos intenten definir qué significa.
Escriba en la pizarra la pregunta *¿Cómo se dice en español...?* Dígales a los niños que pueden utilizar esta pregunta mágica cuando no conozcan una palabra en español. Esto ayudará a que expresen más libremente lo que desean y amplíen el vocabulario de acuerdo con sus necesidades e inquietudes (escriba las palabras nuevas en la pizarra y haga un dibujo alusivo junto a cada una).

→ Actividad complementaria

Procedimiento: Divida la clase en cuatro grupos, entréguele una cartulina a cada grupo y distribuya el resto de los materiales.
Los niños hacen un collage de una ciudad con las ilustraciones que recibieron. Si lo desean, pueden completar el trabajo con dibujos.
Luego, todos se sientan en círculo y colocan sus traba-

jos en el centro del círculo, sobre el piso. Cada grupo explica su trabajo.
A continuación, reparta las tarjetas en blanco, una a cada niño/a, y pídales que escriban en esa tarjeta (en secreto) una palabra de algún elemento del collage (el tren, el parque, la iglesia, etc.). Reúna las tarjetas y forme un mazo con ellas.
Estando todos sentados en círculo, comience tomando la primera carta del mazo, lea en voz alta la palabra (el parque, por ejemplo), busque el parque en los trabajos de los niños (en el centro del círculo) y coloque la tarjeta junto al parque del collage. Ahora es el turno del/de la niño/a que está a su derecha. Siga así, hasta que todos los niños hayan participado.
Al final puede decorar el salón con los trabajos de los niños.
Para terminar, lea la adivinanza que aparece a continuación, y pida a los niños que la repitan. Luego, léanla juntos. Explique las palabras que los niños no conozcan. Pregúnteles: *¿Qué es?* Para que tengan un apoyo visual, escriba de antemano la adivinanza en la pizarra.
Divida ahora la clase en grupos de cuatro niños. Cada grupo debe dar sólo una respuesta a la pregunta anterior. Si no acierta, pueden intentarlo otra vez (el grupo tiene tres oportunidades). La finalidad de esta actividad es que los niños trabajen en grupo, aprendan a discutir sus puntos de vista y lleguen a una conclusión en equipo. Premie de manera sencilla al equipo ganador.

Adivinanza
Tengo metros, autobuses,
plazas, mercados, escuelas,
pisos, calzadas y aceras,
de noche muchas luces,
¿Quién soy?

(la ciudad)

En sus cuadernos, los niños pueden copiar la adivinanza y dibujar la ciudad.

Página 16

Material: CD del curso, páginas para fotocopiar n° 7 (2x) y n° 8, acuarelas, pinceles, 4 cartulinas blancas A1 o A2, 4 tarjetas (en cada una de ellas está escrita una palabra: el aeropuerto, el parque, el polideportivo, el hospital).

Procedimiento: Pida a los niños que abran los libros en la página 16 (escriba el número en la pizarra), lea cada palabra e invítelos a repetirlas. Ahora cada niño/a lee una palabra (corrija la pronunciación si es necesario).
Haga que los niños cierren los libros. Pregunte: *¿Qué hay en la ciudad?* Escriba en la pizarra las respuestas que obtenga. Cuando los niños no recuerden más palabras, pídales que vuelvan a abrir los libros y deje que busquen las palabras que faltan. Complete la lista en la pizarra con las palabras que vayan encontrando.
Mientras escuchan música instrumental, los niños colorean los dibujos.
Continúe con la actividad de la parte inferior de la página. Los niños buscan las cuatro palabras (iglesia, cine, parque, biblioteca) en la sopa de letras. Con las letras restantes completan la frase de abajo: *La ciudad es interesante.*

→ Actividad complementaria

Ahora van a jugar al Memory. Divida la clase en grupos de tres niños (y uno de cuatro si es necesario). Reparta un juego a cada grupo (página para fotocopiar n° 7, recortadas las tarjetas). Explique las reglas del juego si es necesario.

Procedimiento: Se colocan boca abajo en la mesa todas las tarjetas, en hileras horizontales y verticales.
El primer jugador destapa dos tarjetas y dice en voz alta qué dibujos hay en ellas. Si le sale una pareja con el mismo dibujo, se queda con las tarjetas y vuelve a jugar. De lo contrario, devuelve las tarjetas a su lugar, tapadas. El siguiente jugador intenta encontrar otra pareja. Gana quien tenga el mayor número de parejas.
Este juego favorece la concentración, el aprendizaje de vocabulario y la lectura.
Es posible ampliar esta actividad con un grado de dificultad mayor. Para ello, ponga aparte un juego completo de tarjetas (ahora no habrá parejas, pues un juego completo de imágenes se pone aparte).
Reparta a cada grupo un juego de tarjetas (página para fotocopiar n° 8, recortadas las tarjetas). En estas tarjetas aparecen escritas las palabras que hacen pareja con las imágenes del otro juego.
El primer jugador destapa dos tarjetas. Dice qué figura o palabra hay en ellas. Si coinciden la palabra y la figura, se queda con las tarjetas y vuelve a jugar otra vez. De lo contrario, devuelve las tarjetas a su sitio, tapadas, y le da el turno a su compañero/a. Gana quien tenga el mayor número de parejas.

Página 17

Material necesario: lápices de colores azul y rojo, tizas de colores blanca y verde, una fotocopia ampliada de esta página del libro.

La ciudad

Procedimiento: Los niños abren el libro en la página 17 (escriba el número en la pizarra) y leen en voz alta las palabras de la parte superior de la hoja.
Escriba en la pizarra con tiza blanca: ***el parque*** (singular). Ahora escriba el plural: *lo**s** parque**s***. La palabra *los* con tiza blanca, la letra ***s*** con tiza de color (verde), la palabra *parque**s*** con tiza blanca pero la última letra, la ***s***, con tiza verde.
Haga lo mismo con la siguiente palabra. Ya tiene un ejemplo de los artículos masculino y femenino y del plural.

el parque lo**s** parque**s** **la iglesia** la**s** iglesia**s**

Continúe con la práctica oral. Pregunte quién desea hacer el siguiente ejemplo.
Una vez terminada la práctica oral, pida a los niños que escriban y dibujen en sus libros, siguiendo el ejemplo. Si no recuerdan qué significan esas palabras, se pueden fijar en la página anterior.
Déles unos diez minutos para esta actividad. Luego, en forma voluntaria, un/a niño/a lee la palabra en singular y luego en plural y la escribe en la pizarra en la columna que corresponde (puede utilizar tizas de colores como en el ejemplo). De esta manera los niños controlarán por sí mismos el trabajo realizado.

→ **Actividad complementaria**

En sus cuadernos, los niños escriben el singular o el plural de las palabras que aparecen en la parte inferior de la página 17 (pueden colorear el dibujo, si lo desean).
Pídales que saquen los colores azul y rojo. Juntos, en voz alta, lean las palabras escritas. Dé indicaciones: *Colorea uno de color rojo (singular); colorea más de uno de color azul (plural).*
Para tener la seguridad de que los niños han comprendido las instrucciones, pida que alguno/a haga un ejemplo: primero lee la palabra (el parque), luego dice el color que va a utilizar (rojo). Deles unos diez minutos para realizar esta actividad (puede colocar música de fondo mientras tanto).
Una vez terminados los trabajos, permita que los comparen con sus compañeros de pupitre. Para ello, con antelación, haga una fotocopia ampliada de la página 17 del libro y coloree el dibujo. Péguelo en la pizarra para que todos puedan revisar el trabajo realizado.

Página 18

Material necesario: CD del curso, revistas para recortar, pegamento, tijeras, 4 cartulinas blancas (en las cuales ha trazado con rotulador negro tres líneas verticales y tres líneas horizontales, según el modelo de la página 18 del libro), lápices de colores, retazos de tela.

Procedimiento: Pida a los niños que abran los libros en la página 18 (escriba el número en la pizarra) y observen la ilustración. Pregunte: *¿Qué ven?* Escriba en la pizarra las respuestas.
Pregunte ahora: *¿Qué letras hay? ¿Qué números son?*
Explíqueles que éste es un plano de una ciudad. Van a aprender a preguntar *¿Dónde hay un parque?*, por ejemplo. Escriba la pregunta en la pizarra.
Dibuje en la pizarra un cuadrado grande dividido en 16 partes (como en el libro), con una biblioteca, una escuela, un parque. Escriba las letras A B C D (horizontal) y los números 1 2 3 4 (vertical), siguiendo el ejemplo del libro. Pregunte, por ejemplo: *¿Dónde está el parque?*
Con la ayuda de dos dedos — uno se mueve verticalmente (letra) y el otro horizontalmente (número) hasta que se encuentren en el lugar deseado (el parque) —, los niños podrán dar las coordenadas exactas.
Cuando tenga la seguridad de que los niños entendieron, trabaje con el libro. Haga usted la primera pregunta y permita que después continúen los niños preguntándose entre sí.
Invítelos a colorear el dibujo.

→ **Actividad complementaria**

Procedimiento: Divida la clase en cuatro grupos. Reparta a cada grupo una cartulina blanca con coordenadas de números y letras (como en el ejercicio anterior), revistas para recortar, tijeras, pegamento, retazos de tela.
Pida a los niños que hagan un collage muy detallado de su ciudad o de la ciudad de sus sueños. Tiempo aproximado: 30 minutos.
Luego viene la práctica oral. Cada grupo expone su trabajo y pregunta: *¿Dónde está...?* Quien contesta debe indicar las coordenadas exactas en el collage.

Página 19

Procedimiento: Divida la clase en grupos de cuatro niños. Pida a los niños que abran los libros en la página 19 (escriba el número en la pizarra).
Observen atentamente los dibujos. Pregunte: *¿Cómo se llaman los niños?* (Ly, Pablito, Carmen, Klaus).
Juntos, lean el texto de cada burbuja (*Voy al cine, Voy al aeropuerto, Voy a la biblioteca, Voy al teatro*). A continuación, los niños aparean el texto de las burbujas con los dibujos correspondientes.
Trabajen ahora por grupos. Cada niño/a adopta el

nombre de uno de los personajes del libro (Ly, Pablito, Carmen, Klaus). Usted hace el primer ejemplo. Lee la pregunta de Zulu: *¿Adónde vas, Carmen?* La niña que representa a Carmen debe responder: *Voy a la biblioteca*. Ahora le toca el turno a la niña que respondió.

Página 20

Aquí van a ayudar a Carmen y a Pablito. Ellos quieren ir a la biblioteca y no saben qué camino deben tomar.

Procedimiento: Los niños recorren con un lápiz, sin levantarlo del papel y sin salirse de las líneas, el camino que deben seguir Carmen y Pablito para llegar a la biblioteca (hay 4 opciones). Cuando encuentren el camino correcto, escriben en la parte inferior de la página la letra correspondiente.

→ **Actividad complementaria**

Material necesario: CD del libro. Se puede acompañar la canción con panderetas o instrumentos de percusión.

Procedimiento: Introduzca la canción, frase por frase, y pida que los niños repitan cada frase con usted. Lean juntos la canción, explique las palabras que no hayan entendido y escúchenla. Canten todos a continuación. Para que los niños tengan un apoyo visual es recomendable escribir la canción en la pizarra o repartir una fotocopia del texto a cada niño/a.

Camino por mi ciudad
Camino por mi ciudad
y veo qué hermosa es.
Tiene grandes edificios
y plazas para jugar.

Camino por mi ciudad
y veo qué hermosa es.
Con gente que vive feliz,
qué linda es mi ciudad.
Qué linda es mi ciudad,
qué linda es mi ciudad.

La calle

En la calle hay gente, tiendas, coches y autobuses. Suceden muchas cosas. "Vamos a cruzar, el semáforo está en verde".

Contenidos

Vocabulario: la calle, la gente, las tiendas, los coches, los autobuses, el semáforo, la moto, el camión, la casa; el rojo, el verde, el amarillo, el anaranjado; izquierda, derecha, debajo; compañero/a, dirección, transporte, cruce peatonal.

Expresiones útiles
¡Vamos a cruzar! El semáforo está en verde
Antes de cruzar tienes que mirar
¿Puedo cruzar?
El semáforo está en rojo: no puedes cruzar
El semáforo está en verde: puedes cruzar
¿Cómo vas al cole?
Voy a pie
Voy en coche
A la izquierda hay...
A la derecha hay...
El coche está...
El coche es...
¿En qué calle vives? ¿En qué ciudad?
Vivo en...
Mi dirección es...

Objetivos

- Hablar de los medios de transporte: el coche, la bicicleta, el autobús, la moto, el camión, el tren
- Aprender el presente del indicativo de los verbos *haber, ir, estar, cruzar, poder, mirar, ser, vivir*
- Familiarizarse con el semáforo y el significado de los colores rojo, amarillo, verde
- Conocer las preposiciones de lugar (*a la izquierda, a la derecha*)
- Dar información sobre la ciudad y la calle donde uno vive
- Fomentar el respeto a las normas de tránsito

Página introductoria

Material necesario: lápices de colores, 3 cartulinas A4, papel lustre (rojo, amarillo, verde), tijeras, pegamento, tarjetas en blanco.

Procedimiento: Divida la clase en tres grupos. Reparta a cada grupo una cartulina, una tarjeta en blanco, papel de lustre (un color a cada grupo).
Cada grupo confecciona un semáforo. En la pizarra escriba: *¡Siga! ¡Pare! ¡Cuidado!* (explique el significado de estas palabras si fuera necesario). Cada grupo debe elegir la palabra correcta para su semáforo según el color del papel lustre que le correspondió, y escribirla en la tarjeta en blanco.
Una vez terminados los trabajos, los niños los pegan en la pizarra. Respete el orden de las luces (rojo, amarillo, verde). Al lado de cada luz colocan las tarjetas que escribieron (luz roja: ¡Pare!; luz amarilla: ¡Cuidado!; luz verde: ¡Siga!). Coloque también la tarjeta que escribió usted: *el semáforo.*
Puede hacer un mural con estos trabajos para aprovecharlo mientras desarrollan la unidad.

Página 21

Observen atentamente la ilustración. Coméntenla. Cierren el libro y nombren todos los elementos que recuerden. ¿Cómo está la memoria visual? Si no saben una palabra, pueden preguntar: *¿Cómo se dice en español...?* (Es aconsejable tener escrita esta pregunta en una cartulina y mantenerla junto a la pizarra para que los niños tengan un apoyo visual siempre que lo necesiten.)
Lean juntos lo que está escrito. Repitan la lectura, esta vez los niños solos. Señalen en el dibujo personas, tiendas, autobuses, semáforo, coches.

Página 22

Pida a los niños que coloreen los medios de transporte de la página 22. Gracias a los dibujos sabrán qué significa cada palabra. Cuando terminen, lean en coro las palabras. Pídales que rodeen con un círculo el medio de transporte que utilizan para ir al cole.
Escriba en la pizarra: *¿Cómo vas al cole?*
Escriba también la respuesta (utilice tiza de color): *Voy...* Cada niño/a marca en su libro con una cruz la respuesta (tarea individual).
Para la práctica oral, haga un ejemplo: *Martina, ¿cómo vas al cole?* Martina responde: *Voy en coche.* El/la niño/a que responde debe preguntar ahora, y así sucesivamente hasta que todos hayan participado. Amplíe el vocabulario (el barco, el avión, el helicóptero, etc.) dependiendo de las inquietudes de los niños.
Ahora continúe con la segunda actividad de la página 22. Los niños completan las letras que faltan escribiendo sobre las líneas punteadas.
En sus cuadernos, pueden escribir el nuevo vocabulario: el coche, la bicicleta, el semáforo, el autobús, la moto, el camión. Dibujan al lado de cada palabra el objeto correspondiente.

→ **Actividad complementaria**

Material necesario: página para fotocopiar n° 9, cartulina, fichas de colores.

Procedimiento: Para esta actividad, haga usted una fotocopia de las tarjetas (página para fotocopiar n° 9), péguela en una cartulina, recorte las tarjetas. Cada niño/a recibe una tarjeta, usted también. En cada tarjeta está dibujado un medio de transporte. Las tarjetas son secretas, no las puede ver nadie.
Usted comienza. Se para delante de la clase y con mímicas representa lo que aparece dibujado en su tarjeta. Si habla, pierde el turno.
El/la niño/a que consigue adivinar qué medio de transporte representó usted recibe una ficha de color. Ahora ese/a niño/a debe hacer la siguiente representación. Gana quien tenga la mayor cantidad de fichas.
Las tarjetas están preparadas de tal forma que existen medios de transporte que se repiten, siempre y cuando el grupo de alumnos/as sea de más de seis. Así, los niños memorizarán más fácilmente el vocabulario y harán representaciones cada vez más imaginativas.
Puede usar todas las tarjetas o limitarse sólo a las que crea conveniente.
El juego termina cuando todas las tarjetas han sido adivinadas. Puede darle un premio al ganador.

Página 23

Material necesario: los tres semáforos que los niños confeccionaron al comienzo de la unidad.

Procedimiento: Los niños observan la ilustración. Leen lo que dicen Carmen y Pablito.
Discuta con los niños: *¿Por qué no puede cruzar Carmen? ¿Qué pasaría si cruza cuando la luz está en rojo?*
El perro de Carmen y Pablito desea cruzar la calle. Los niños contestan las preguntas del libro con *sí* o *no*, y marcan con una X la respuesta correcta.
Pregunte ahora qué medios de transporte conocen los niños. Escriba las respuestas en la pizarra. Luego escriba el nombre de un medio de transporte que contamine (a la izquierda) y de uno que no contamine (a la derecha). Pregunte qué significa "contaminar" (aclare, si es necesario). En forma voluntaria, los niños clasifican en dos columnas, en la pizarra, los medios de transporte (las respuestas que ha escrito les servirán como apoyo visual): contamina, no contamina.

Medios de transporte que contaminan	Medios de transportes que **no** contaminan
La moto	La bicicleta

En sus libros, los niños dibujan un semáforo, un medio de transporte que contamina, uno que no contamina y uno capaz de transportar muchas personas. Cuando terminen, comenten los trabajos en grupo.

Página 24

Material necesario: lápices de colores, tijeras, pegamento, página para fotocopiar n° 10 (una para cada niño/a).

Procedimiento: Reparta una fotocopia a cada niño/a. Pídales que recorten la figura y la peguen en sus cuadernos (en el centro de la hoja). Observamos a la niña que está de espaldas a nosotros (en la fotocopia). Señalando, diga: *Éste es el lado izquierdo de la hoja; coloca tu mano izquierda sobre este lado. Éste es el lado derecho de la hoja; coloca tu mano derecha sobre este lado.* Pídales a los niños que pinten ahora el lado izquierdo del niño de color naranja y el lado derecho de color verde.
Los niños dibujan al lado izquierdo un coche, un camión, una ventana y una pizarra. Al lado derecho dibujan una mochila, una papelera, un semáforo y una bicicleta. Encima de la bicicleta dibujan a Zulu. Debajo de la pizarra dibujan a Pepe.
Pídales que encierren el pie derecho del niño en un círculo verde. La mano derecha debe encerrarse con un círculo rojo. Una vez terminados los trabajos, los comentan entre sí.
Pasen ahora a trabajar en los libros. Pregunte: *¿De qué color es la flecha que está señalando el lado izquierdo? ¿De qué color es la flecha que está señalando el lado derecho?*
Pida a un/a niño/a que lea la primera frase (*A la izquierda hay un autobús*). Los niños señalan en sus libros dónde deben dibujar el autobús. Puede hacer un ejemplo en la pizarra.
Pídales que hagan esta tarea en parejas. Controle los trabajos al final.
En la parte inferior de la página deben escribir la dirección que indican las flechas. Pregunte: *Antes de cruzar, ¿tienes que mirar?*

→ Actividad complementaria

Material necesario: 2 sogas por grupo.

Procedimiento: Para esta actividad se necesita espacio, de manera que es recomendable realizarla en el patio de recreo o en la cancha deportiva.
El juego consiste en saltar en la dirección que usted indica (delante, detrás, derecha, izquierda).
Divida la clase en cuatro grupos. Los grupos se ubican en línea horizontal. En el piso, haga una cruz con las dos sogas.
Explique las reglas. Es un juego por turnos. En el área de intersección de las sogas, enfrentados, se paran dos niños/as, uno de cada equipo. Usted dice: *Delante.* Cada niño/a debe saltar hacia adelante. El que se equivoca se sienta. Gana un punto el equipo del/de la niño/a que vence en esta ronda.
Después le toca al segundo grupo, hasta que todos hayan participado; al final se cuentan los puntos. Gana el equipo que obtenga el mayor puntaje.

Página 25

Material necesario: tarjetas en las que ha escrito: *la pizarra, la ventana, la puerta, la mochila, el cuaderno, el pupitre, la papelera, el lápiz, la goma*; una pelota pequeña de tela, lápices de colores.

Procedimiento: Pida a los niños que coloreen de naranja el dibujo que está a la izquierda, de verde el que está a la derecha. Luego, que completen las frases que están debajo de los dibujos que colorearon: *El coche está a la izquierda. El coche es naranja. La moto está a la derecha. La moto es verde.*
Los niños leen ahora las frases que aparecen en la parte inferior de la página y colorean la frase correcta (*A la derecha está la moto. A la izquierda está el coche*).
Anime a los niños a que hagan ejemplos con los objetos que se encuentran en el salón de clase. Reparta las tarjetas que preparó. Los niños ubican los objetos y les pegan las tarjetas. En parejas, escriben frases siguiendo el ejemplo del libro.
Gana la pareja que tenga el mayor número de frases.
Ahora trabaje con la pelota. Forme un círculo con las sillas, siéntese todos. Usted pone el primer ejemplo: *A mi izquierda está Patricia, a mi derecha está Franz.* Luego le lanza la pelota a un niño/a. Él/ella debe decir quién está a su derecha y a su izquierda y le lanza la pelota a otro/a niño/a, y así hasta que todos hayan participado.

Página 26

Material necesario: CD del libro.

Procedimiento: Escriba en la pizarra estas preguntas: *¿En qué calle vives? ¿En qué ciudad?* Anote las respuestas: *Vivo en...*
Ahora formule esas preguntas a un/a niño/a. Si lo desea, puede escribir la respuesta en la pizarra.
El/la niño/a que responde le pregunta a otro/a compañero/a, y así sucesivamente hasta que todos hayan participado.
Pida a los niños que dibujen su casa y la calle donde viven y que escriban debajo de los dibujos su dirección.

→ Actividad complementaria

Introduzca ahora una canción (rap de los colores). Tenga listas fotocopias con la letra de la canción (una por niño/a) o escriba la canción de antemano en la pizarra.
Primero los niños escuchan toda la canción y después la tararean.

Reparta la letra de la canción. La leen en voz alta, luego la cantan juntos.
Explique el significado de la canción. Puede ayudarse con dibujos.
En sus cuadernos, los niños pueden pegar la letra de la canción y dibujar algo alusivo a ella.

Rap de los colores
Rojo, rojo,
¡cuidado!, no cruces.
Mucho ojo.

Verde, verde, adelante.
Cruza la calle
en un instante.

Amarillo, amarillo,
¡alerta!, pronto habrá que parar
para que otros puedan pasar.

Hay autos a montones,
cruza siempre por el paso de peatones.

Y si la calle quieres cruzar,
a la izquierda, a la derecha,
siempre debes mirar,
siempre debes mirar.

Y si la calle quieres cruzar,
a la izquierda, a la derecha,
siempre debes mirar.

El parque

El parque es un lugar tranquilo.
Se puede jugar sin peligro y hasta dormir. ¡Hola ardilla!

Objetivos

- Hablar de las actividades que se pueden hacer en el parque
- Aprender los nombres de los animales que viven en el parque
- Introducir los adjetivos masculinos y femeninos
- Presentar los instrumentos musicales
- Repasar los números del 1 al 12
- Repasar los colores
- Usar los verbos *haber, estar, tocar*
- Usar las preposiciones *arriba y abajo*

Contenidos

Vocabulario: el parque, la tranquilidad; los animales, el pato, la ardilla, el búho, el cisne, la paloma, el pájaro, el perro; los árboles, las flores; el amarillo, el rosa, el azul; el violín, la trompeta, la quena el siku, el tambor, la guitarra; el globo.

Expresiones útiles
¿Cuántas flores hay de cada tipo?
Hay...
¿Qué instrumento tocas?
Toco...

Página introductoria

Material necesario: Ésta es una actividad para realizar al aire libre. Avise a los padres con antelación que la clase irá de excursión al parque. Los niños deben ponerse ropa adecuada y llevar algo para comer. Necesitan una cámara fotográfica, una libreta de apuntes, una bolsa o cajita para almacenar elementos de la naturaleza, mantas para poner sobre el pasto. Si lo cree conveniente, invite a algún padre a que los acompañe. *Nota:* No es posible realizar esta actividad en un solo día porque exige revelar fotos, pero puede irla desarrollando a medida que trabaja en esta lección.

Procedimiento: Antes de salir, explique el objetivo de la excursión. Divida la clase en tres grupos. Entréguele a un/a niño/a de cada grupo un papel en el cual usted ha escrito los nombres de algunos animales y plantas que viven en el parque, y de algunas actividades que por lo general realizan las personas que visitan un parque. Cada grupo debe buscar en el parque información relacionada con el tema que le correspondió. Pueden tomar fotos de animales y plantas, dibujar, recolectar hojas y flores, etc.
Una vez en el parque, escogen un lugar al cual vuelvan después de realizar la exploración. Dé un tiempo máximo de 20 minutos para esta actividad.
Reúnanse de nuevo, extiendan las mantas, merienden y comenten si fue fácil encontrar la información, si recolectaron hojas y frutos, si vieron animales, si pudieron tomar fotos.
Ya en el colegio, los mismos grupos se reúnen. Con los materiales y la información que recolectaron, cada grupo prepara una exposición.
Pida a los niños que abran los libros en la página 27. Observen y comenten la ilustración. Pregunte: *¿Dónde están Carmen y Pablito? ¿Qué hacen las demás personas? ¿Qué animales hay?* Los niños responden y comparan sus respuestas con lo que vieron el día de la

excursión al parque.

Página 28

Material necesario: página para fotocopiar n° 11 (ampliar a A3), tijeras, colores, papel crepé negro (para las colas de ratón), lana negra (para los bigotes de ratón), bandas elásticas.

Procedimiento: Reparta las fotocopias. Los niños confeccionan máscaras y colas de ratoncitos. Introduzca el poema escribiéndolo en la pizarra. Pida a los niños que se pongan las máscaras y las colas. Escuchen juntos el CD dos veces. Después, lea usted el poema y escenifíquelo (es otra manera de explicar el vocabulario nuevo); luego, recítenlo juntos y represéntenlo.
Divida la clase en grupos de tres o cuatro niños. Cada grupo puede memorizar o leer de la pizarra el poema y escenificarlo. Pueden copiar el poema en sus cuadernos y dibujar.

Poema: *Cinco ratoncitos*
Cinco ratoncitos de colita gris
mueven las orejas, mueven la nariz,
abren los ojitos, comen sin cesar,
por si viene el gato, que los comerá.
Comen un quesito y a su casa van,
cerrando la puerta, a dormir se van.

A continuación, trabajen con el libro. Los niños leen en voz alta los nombres de los animales. Pídales que marquen con una X (en el cuadradito en blanco) los nombres de los animales que han visto de cerca alguna vez. Invítelos a hablar sobre esos animales.
Continúe con la segunda actividad de la página. Para ello, hay que trabajar en paralelo con la página 27. Usted pregunta: *¿Cuántos animales hay en el dibujo de la página anterior?* Los niños deben contarlos y escribir sus nombres. Luego completan la frase final. Compruebe que todos tengan la misma respuesta.

→ Actividad complementaria

Ahora van a jugar al "Reloj". Para esta actividad se necesita espacio y por eso es recomendable realizarla en la cancha de deporte o en el patio del cole.
Un/a niño/a se para contra una pared y empieza a contar del uno al doce. Los demás niños se ubican en el extremo opuesto de la cancha o patio. Mientras el/la niño/a está contando, los otros avanzan en dirección a él/ella. Quien está contando dice: *Uno, dos, tres, reloj*, y se da vuelta rápidamente. Cuando lo hace, todos se quedan inmóviles. Si alguien se mueve y el/la niño/a que estaba contando lo/la pilla, pierde y debe regresar al punto de partida.
El juego continúa, y el/la niño/a vuelve a contar contra la pared: *Cuatro, cinco, seis, reloj*. Vuelve a darse vuelta y se repite la acción. El juego dura hasta que el niño cuente hasta doce (*siete, ocho, nueve, reloj; diez, once, doce, reloj*).
Gana el/la niño/a que esté más cerca del que está contando, o el/la primero/a que llegue hasta donde él/ella está y toque la pared. Al que gana le corresponde contar ahora.

Página 29

Material necesario: cartulinas blancas, témperas, pinceles, CD del curso.

Procedimiento: Para empezar esta actividad, pregunte a los niños *¿Cuál es tu flor favorita?, ¿De qué color es?* O, si lo saben: *¿Cómo se llama? (la flor)*
Reparta una cartulina blanca a cada niño/a, las témperas y los pinceles. Pídales que pinten su flor preferida. Luego, pídales que escriban el nombre de la flor en una tarjeta y la peguen sobre cada dibujo. Coloque los trabajos en un lugar donde todos puedan verlos. También puede hacer un mural con ellos.
Ahora trabajen en los libros. Lean juntos los nombres de los animales. Los niños deben buscar en la sopa de letras el nombre de esos animales (ardilla, perro, pato, cisne). Ponga música suave mientras buscan las palabras.
Continúe con la segunda actividad de la página. En la pizarra, dibuje una flor y un árbol. Señalando los dibujos, diga: *La flor es pequeña, el árbol es grande* (los niños repiten). Dibuje una paloma y un gato, y repita el ejercicio. Cuando tenga la seguridad de que los niños han entendido cuál es la diferencia entre grande y pequeño, pídales que trabajen en el libro: leen juntos las indicaciones y dibujan cuatro flores pequeñas y un árbol grande.
Ahora comentan la figura de la parte inferior de la página. Pregunte: *¿Cuántas flores hay de cada tipo?* Ellos escriben la respuesta en los cuadraditos en blanco. Hacen juntos el primer ejercicio e individualmente los otros dos. Controle las respuestas.

El parque

→ Actividad complementaria

Para la práctica oral, puede utilizar los dibujos que los niños realizaron (las flores). Practiquen los colores, los adjetivos (grande/pequeño) y los nombres de las flores, si los saben. Ponga usted el primer ejemplo: *La flor amarilla (el girasol) es grande. La rosa es pequeña* (señale los dibujos de los cuales está hablando).

Página 30

Procedimiento: Los niños se ponen de pie y forman un círculo, guardando cierta distancia entre ellos. Dígales que van a jugar al "Sapito Saltarín". Explique las reglas del juego y asegúrese de que todos las hayan entendido.
El juego consiste en saltar en la dirección que usted indique: *arriba* (saltan, alzando los brazos), *abajo* (se agachan, bajando los brazos), *derecha* (saltan a la derecha), *izquierda* (saltan a la izquierda). Haga una prueba antes de comenzar el juego. Usted también participa.
Al principio, dé las indicaciones despacio. Luego hágalo más rápidamente.
El/la niño/a que se equivoca pierde y se sienta en su sitio. El juego termina cuando sólo quede un/a niño/a de pie, que es el/la ganador/a.
Trabajen ahora en los libros. Lea las dos primeras palabras y asígneles colores a esos elementos. Por ejemplo: ***la** luna amarilla*, ***el** gato negro*. Escriba en la pizarra estas frases, en dos columnas.
Los niños participan siguiendo el ejemplo. Escriba en la pizarra, en la columna correspondiente, las frases que ellos formen.

***la** luna amarilla*	***el** gato negro*
***la** cometa roja*	***el** globo azul*
***la** mariposa azul, amarilla y roja*	***el** árbol verde y marrón*
***la** bicicleta roja y amarilla*	***el** perro gris y blanco*

Pregunte : *¿Qué pregunta Zulu? ¿Qué responde Ly?*

Forme parejas con los compañeros de pupitre. Un/a niño/a pregunta, siguiendo el ejemplo de Zulu; el/la otro/a responde, siguiendo el ejemplo de Ly. Luego cambian: el/la que preguntó ahora responde. Deben utilizar las palabras *arriba* y *abajo*.

*¿Dónde **está** la luna?* *La luna **está** arriba.*
*¿Dónde **está** el gato?* *El gato **está** abajo.*

Vuelva a preguntar, pero esta vez utilice los colores.

*¿Dónde **está** la luna amarilla?* *La luna amarilla **está** arriba.*
*¿Dónde **está** el gato negro?* *El gato negro **está** abajo.*

Los niños continúan haciendo preguntas. Ellos deciden a quién le preguntan, o bien forman parejas nuevamente.

→ Actividad complementaria

Poema: *Vuela mariposa*
Vuela mariposa, vuela en el jardín,
vuela por arriba, vuela por abajo
y se para en mi zapato.

Vuela por abajo, vuela por arriba
y se para en mi nariz, ¡achís!

Al recitar el poema, acompáñelo con mímica: extienda los brazos como si fuera a volar, señale su zapato y su nariz, haga como si estornudara.
En los cuadernos, los niños copian el poema y hacen un dibujo relacionado con el mismo.

Página 31

Materiales necesarios: rollos vacíos de papel higiénico o de papel de cocina; arroz, arena, frijoles; papel transparente de colores, pegamento, cinta adhesiva; vasos grandes de yogur vacíos; globos de colores; bandas elásticas.

Procedimiento: Para fabricar un tambor, córtele el cuello a un globo y cubra con el globo la boca de un vaso de yogur; fíjelo con una banda elástica. Los palitos para tocar serán los lápices de los niños. Para fabricar una sonaja, cubra con papel transparente doble un extremo de un rollo de papel higiénico, fíjelo con cinta adhesiva e introduzca en el rollo unos cuantos frijoles, arroz o arena. Tape luego el otro extremo con papel transparente. Con otro papel, forre todo el tubo. Pida a los niños que le ayuden a fabricar los instrumentos y que los decoren a su gusto.

Introduzca la canción. Copie la letra en la pizarra o reparta fotocopias con el texto. Los niños tocan la melodía con sus instrumentos y tararean. Luego cantan juntos, acompañados de los instrumentos.

Canción: ***Arroz con leche***
Arroz con leche, me quiero casar,
con una señorita que sepa bailar.

Con ésta sí, con ésta no,
con esta señorita, me caso yo.

Que sepa coser, que sepa planchar,
que sepa abrir la puerta
para ir a jugar.

Arroz con leche, me quiero casar,
con una señorita que sepa bailar.

→ Actividad complementaria

Materiales necesarios: lápices de colores.

Procedimiento: Pida a los niños que observen la ilustración de la página 31. Hablen sobre la ropa que llevan María y Alejandro (ponchos) y sobre los instrumentos que tocan (siku, guitarra).
Pregúnteles si han visto en la calle músicos así. Ahora, pregunte: *¿De qué color son los ponchos de María y Alejandro?*
Lean juntos los nombres de los intrumentos (el violín, la trompeta, el siku, el tambor). En la pizarra, escriba: *¿Qué instrumento tocas? Toco el/la...*
Usted pregunta primero y el/la niño/a que responde le pregunta a un/a compañero/a, hasta que todos hayan participado. Escriba en la pizarra los nombres de los instrumentos que vayan diciendo.
Pídales a los niños que escriban frases en la parte inferior de la página, como en los ejemplos, con otros instrumentos musicales. Pueden utilizar los nombres de los compañeros del curso y la lista de instrumentos que usted escribió en la pizarra.
Para finalizar, los niños colorean los instrumentos musicales que están en la página 31.

Página 32

Material necesario: página para fotocopiar n° 12.

Procedimiento: Los niños se acomodan en círculo para jugar "Yo Toco". Con mímicas, uno de ellos representa un instrumento musical. Los otros niños deben adivinar cómo se llama ese instrumento. El que adivina hace la mímica a continuación. Como variante, pueden imitar el sonido que producen los instrumentos.
Trabajen ahora en los libros. Pídales a los niños que se dibujen a sí mismos tocando un instrumento.

→ Actividades complementarias

1. Con las manos, van a tocar todos juntos. Sobre la mano derecha los niños se escriben la letra **D**, sobre la izquierda la letra **I** (un/a alumno/a le ayuda al otro). En la pizarra, usted escribe:

D I I / I DD/ I D D

I I I D / I I I D D/ I I I D

D D D / D D D / D D D

I I I

D D I D I I D I / D D I D I I D I

Con las sillas, forme un semicírculo delante de la pizarra. Siéntense con las piernas un poco separadas, coloquen la mano derecha sobre la pierna derecha, y la izquierda sobre la pierna izquierda.
Todos leen la pizarra y se dan un golpecito sobre la rodilla: **D,** la mano derecha sobre la pierna derecha; **I,** la mano izquierda sobre la pierna izquierda. Los golpes deben de ser simultáneos y acompasados.
En parejas, los niños componen un nuevo ritmo, lo escriben en un papel y luego lo interpretan juntos.

2. Para repasar el vocabulario de los primeros cinco capítulos, los niños trabajan en un crucigrama. Reparta la fotocopia n° 12. En forma individual, cada uno completa el crucigrama. Si no recuerdan el vocabulario, pueden preguntarles a sus compañeros.

El restaurante

Carmen y Pablito tienen hambre. Se sientan en una terraza del parque a comer. El camarero les pregunta: "¿Qué váis a tomar?"

Objetivos

- Presentar los alimentos y las bebidas
- Introducir el singular y el plural de los sustantivos y el artículo determinado
- Aprender a ordenar en un restaurante
- Hablar sobre los alimentos y las bebidas que a los niños les gustan
- Hablar sobre el restaurante y las personas que trabajan en él
- Responder con *nada, un poco, mucho*
- Usar los verbos *comer, beber, tomar, poner*

Contenidos

Vocabulario: la terraza; la cuchara, la cucharilla, el cuchillo, el tenedor, el plato, el vaso, la servilleta, la pizza, el arroz, el pescado, la ensalada, la salchicha, los espaguetis, las patatas fritas, el queso; nada, mucho, un poco; el camarero, la profesora, el músico, el payaso, el panadero, el futbolista.

Expresiones útiles
¿Qué váis a tomar?
¿Qué falta?
Falta un/una...
¿Qué tomas?
Para mí...
¿Te gusta la/el...?
¿Te gustan los/las...?
Sí, mucho/un poco
No, nada
¿Qué soy?
Eres un/una...

Página introductoria

Antes de que abran los libros, puede poner música de pajaritos y contarles a los niños que Carmen y Pablito van a ir por primera vez a comer a una terraza en el parque. Pregúnteles: *¿Qué hay en la terraza?* Si no conocen la respuesta, deben preguntar: *¿Cómo se dice en español...?* (escriba la pregunta en la pizarra).
Después de oír sus comentarios y respuestas, pídales que abran el libro en la página 33 y observen la ilustración. Lean juntos el texto. Pregunte: *¿Qué van a tomar Carmen y Pablito?* Escriba las respuestas en la pizarra.

Página 34

Material necesario: página para fotocopiar n° 13, pegamento, tijeras, un juego de cubiertos (cuchillo, cuchara, cucharilla, tenedor), una servilleta, un vaso (puede ser de plástico).

Procedimiento: Primero los niños van a aprender el vocabulario nuevo. Comience con la servilleta, enséñela, y pregunte: *¿Cómo se dice en alemán...? ¿Y en español?*
Ahora tome la cuchara, diga el nombre del objeto en español y pida a los niños que lo repitan. Luego, cambie de mano y enseñe la servilleta; ahora los niños repiten *servilleta*.
Enseñe la servilleta y luego la cuchara. Los niños identifican cada objeto, uno por uno. Luego, tome otro

objeto, repita el procedimiento desde el principio, y así sucesivamente, hasta presentar todos los objetos cuyo vocabulario quiere enseñar.
En los libros, los niños leen en voz alta los nombres de los elementos que se encuentran sobre la mesa.
Pregunte: *¿Dónde está el tenedor?* (está a la izquierda del plato). *¿Dónde está el cuchillo?* (está a la derecha del plato). *¿Dònde está la cuchara?* (está a la derecha del cuchillo). *¿Dónde está la servilleta?* (está a la derecha de la cuchara). Continúe así sucesivamente.
Permita que los niños coloreen el dibujo. Luego, pídales que dibujen sus propios cubiertos, plato, vaso y servilleta. Formen un círculo con las sillas. Los niños comentan sus dibujos: describen los diseños (animalitos, círculos, etc.) y colores que usaron en su vajilla. Así repasan el vocabulario de los colores, los animales, etc.

→ Actividad complementaria

Reparta las fotocopias (página para fotocopiar n° 13). Pida a los niños que recorten las figuras (cuchillo, cuchara, cucharilla, tenedor, vaso, servilleta, mesa). Pídales que peguen la mesa en sus cuadernos.
Jueguen ahora a "Poner la mesa". Usted da las indicaciones y los niños deben colocar los cubiertos, el vaso y la servilleta en el sitio que usted indique.
La servilleta está... El vaso está..., etc. Cuando termine de dar las indicaciones, compruebe si todos los niños han "puesto la mesa" como usted indicó.
Forme parejas. Los niños juegan entre ellos, uno "pone la mesa" y el otro da las indicaciones. En la pizarra, dibuje y escriba:
La servilleta (dibujo) *está...*
El vaso (dibujo) *está...*
El cuchillo (dibujo) *está...*
El tenedor (dibujo) *está...*
La cuchara (dibujo) *está...*
La cucharilla (dibujo) *está...*
El plato (dibujo) *está...*

Los niños confeccionan un sobre y guardan en él los cubiertos, el vaso y la servilleta (van a utilizar este material en la siguiente actividad).

Página 35

Procedimiento: Abran los libros en la página 35. Los niños cubren con un papel la segunda imagen. Pida que alguno explique qué hay sobre la mesa (un plato, un tenedor, un cuchillo, una cuchara, una cucharilla). Pregunte: *¿Qué falta?* Ellos escriben en el espacio disponible los nombres de los elementos que faltan (un vaso, una servilleta).
A continuación, descubren la segunda imagen. Pregunte: *¿Qué falta?* Los niños escriben sus respuestas. Permítales completar los dibujos con las cosas que faltan y pídales que los coloreen. Para terminar la actividad, los niños "ponen la mesa" a su gusto y escriben en los cuadernos dónde pusieron los cubiertos, el plato, el vaso.

→ Actividades complementarias

Material necesario: un plato, un vaso, un cuchillo, una cuchara, una cucharilla, un tenedor, una servilleta, un mantel para la mesa (opcional).

Procedimiento
1. Permita que los niños se agrupen en parejas (libremente).
Usted pone la mesa pero no completamente, siempre debe faltar algo.
La primera pareja se reparte los roles, uno/a es el/la camarero/a y otro es el/la comensal.
El/la comensal dice: *¡Camarero! Falta*.............
El/la camarero/a dice: *¡Enseguida!*, trae lo que se le ha pedido y lo coloca en la mesa.
El/la comensal dice: *Gracias*.
Escriba en la pizarra lo que dicen el/la camarero/a y el/la comensal, como apoyo visual.
Este juego también lo pueden hacer en forma simultánea las otras parejas, utilizando el material que han guardado en sus sobres y cuadernos.
Camine por el salón mientras realizan la actividad y corrija la pronunciación en caso necesario.
Cuando todos hayan participado, continúen con la sopa de letras que está al final de la página 35, en la cual deben buscar las palabras de la página anterior (página 34). Las palabras están sólo en forma horizontal o vertical, nunca en diagonal. *La cucharilla* no figura. Cuando terminen, verifique el trabajo.

2. En sus cuadernos, los niños trabajan con las figuras que ya tienen recortadas en el sobre y con la página que han pegado (la mesa) "ponen la mesa" (pegan las figuras recortadas) como ellos desean y escriben frases cortas que describan donde se encuentran los cubiertos, el vaso, la servilleta. Colorean.

Página 36

Material necesario: tarjetas en blanco, rotuladores de colores, un delantal blanco para el camarero (opcional), página para fotocopiar n°14.

Procedimiento: Imaginen que van a ir a un restaurante a comer. Como en este restaurante sólo se habla español, los niños aprenden a pedir sus platos y bebidas preferidos. Reparta las tarjetas y los rotuladores. Pregunte: *¿Cuál es tu plato preferido? ¿Cuál es tu bebida preferida* (no olvide escribir en la pizarra: *¿Cómo se dice en español...?*). Escriba en la pizarra las respuestas de los niños. Cada niño/a copia su respuesta en su cuaderno.
Divida la clase en grupos de tres o cuatro niños. Reparta a cada grupo una copia de la página para fotocopiar n° 14. Cada grupo confecciona un menú (se pueden ayudar con las tarjetas que han escrito y con lo que usted anotó en la pizarra), les pone precio a los alimentos y bebidas y le da un nombre a su restaurante.
A continuación, los niños trabajan con los libros. Leen la pregunta del camarero: *¿Qué tomas?* Explique el significado de la frase, si fuera necesario. Leen la respuesta de Zulu: *Para mí, unas patatas fritas.*
Ahora juegan con el menú que elaboraron. Un/a niño/a hace el papel de camarero (puede ponerse el delantal), los otros hacen de comensales. El camarero pregunta: *¿Qué tomas? ¿Qué bebes?* Los niños buscan en el menú lo que desean beber y comer, y responden. Finalmente, dicen: *La cuenta, por favor.* El camarero suma lo que han consumido.
Los niños pagan y el camarero les da cambio, si fuera necesario. Luego intercambian papeles.
Para completar esta página, los niños dibujan lo que suelen pedir en el restaurante y, si lo desean, escriben debajo del dibujo.

→ Actividad complementaria

Te convido
(para recitar)

1.
— Te convido
— ¿A qué?
— A un café.
— ¿A qué hora?
— A las tres.
(se puede recitar en parejas)

2.
— El que come y no convida
tiene un sapo en la barriga.
Yo comí y convidé,
el sapo lo tiene usted.

3.
Tortitas de manteca
para mamá que está contenta.
Tortitas de salvado
para papá que está enojado.

Procedimiento: Lea el primer poema; los niños lo leen en coro después. Aclare el significado, si fuera necesario. Repita la misma acción con los poemas siguientes. Forme grupos de tres o cuatro niños: cada grupo decide qué poema desea aprender (dé tiempo para que lo memoricen). Luego, cada grupo recita el poema que ha elegido.

Página 37

Material necesario: lápices de colores, tres cartulinas (roja, azul y amarilla), ocho tarjetas en las cuales está escrito: *la pizza, el arroz, el pescado, la ensalada, la salchicha, los espaguetis, las patatas fritas, el queso.*

Procedimiento: Invite a los niños a leer los nombres de las comidas que aparecen en esta página. No les diga el significado de cada palabra, los dibujos les ayudarán a reconocerlos.
Deles tiempo para que coloreen los alimentos. Pídales que con el color rojo hagan un círculo alrededor de la comida que no les gusta nada, con el color azul en la que les gusta un poco, y con el amarillo en la que les gusta mucho.
En las cartulinas, escriba: *nada* (cartulina roja), *un poco* (cartulina azul), *mucho* (cartulina amarilla). Pegue las tres cartulinas en la pizarra, una al lado de la otra. También las puede colocar en el piso (depende del espacio que necesite).
Coloque en un mazo las tarjetas con los nombres de los alimentos. Tome una y pregunte: *¿Te gusta la pizza?* (Pregunte por el alimento cuyo nombre aparece escrito en la tarjeta).
Los niños deben levantarse de sus asientos, dirigirse a la cartulina donde está la respuesta y pegar la tarjeta (pizza) en ella. Juntos, cuentan a cuántos les gusta la pizza mucho, un poco o nada, y escriben en la pizarra el resultado. Continúan con las demás tarjetas. P. ej.:

	mucho	un poco	nada
la pizza	*5*	*9*	*0*
el arroz	...	...	...

Para variar la actividad, permita que un/a niño/a haga la pregunta, luego el/la siguiente niño/a, y así sucesivamente.
Pregunte: *¿Qué otros alimentos te gustan mucho, un poco o nada?* En sus cuadernos, escriben: *me gusta mucho, me gusta un poco, no me gusta nada*. Debajo de estas frases escriben o dibujan los alimentos correspondientes. Escriba el vocabulario nuevo en la pizarra. En parejas, uno le pregunta al otro: *¿Te gusta...?* Esta vez utiliza el nuevo vocabulario que ha dibujado en el cuaderno.

→ Actividad complementaria

Material necesario: página para fotocopiar n° 15, lápices de colores.

Procedimiento: Reparta a cada niño/a una fotocopia y resuelvan juntos la primera palabra del crucigrama. Luego, dígales que trabajen individualmente. Cuando terminen, controlen en parejas las palabras y pídales que corrijan en sus cuadernos las que estén mal escritas. Pueden pegar el crucigrama en los cuadernos.

Página 38

Procedimiento: Lean juntos los nombres de las profesiones que aparecen en el libro. Pregunte: *¿Quién trabaja en un restaurante?* Los niños responden (el camarero).
Luego, haga las siguientes preguntas: *¿Quién trabaja en un colegio?* (la maestra) *¿Quién trabaja en el circo?* (el payaso, el músico) *¿Quién trabaja en la panadería?* (el panadero) *¿Quién juega futbol?* (el futbolista).
Pase a continuación a la segunda actividad de la página. Los niños deben descubrir los nombres de las profesiones que están escondidos en las ilustraciones. Luego escriben las letras en el orden correcto.

→ Actividad complementaria

Material necesario: página para fotocopiar n° 16.

Procedimiento: Van a jugar al "Cartero" en el patio o en la cancha de deporte del cole.
Sobre una cartulina, pegue una copia de la página para fotocopiar n° 16 y recorte las tarjetas.
Un/a niño/a es el/la cartero/a. Se para junto a usted en un extremo del patio o cancha deportiva. Los otros niños se ubican en el extremo opuesto, a una distancia prudente.
Usted tiene las tarjetas. El/la niño/a que está con usted dice: *Ha llegado una carta.* Los otros niños contestan en coro: *¿Para quién?* El/la cartero/a dice: *Para...* (dice un nombre). El/la niño/a cuyo nombre dice el/la cartero/a, pregunta: *¿Qué dice?* El/la cartero/a toma una carta del mazo que usted tiene y la lee. Por ejemplo: *Camarero.* El/la niño/a que está al otro lado en la cancha debe dar tantos pasos largos como número de sílabas tenga la palabra *ca-ma-re-ro*, y debe quedarse en ese lugar. Luego, el/la cartero/a vuelve a decir: *Ha llegado una carta*, y se repite la acción.
Gana el/la niño/a que primero llegue junto al/a la cartero/a. Este/a niño/a hará el papel de cartero/a en el juego siguiente.
Es muy importante que el/la cartero/a nombre a todos los niños antes de volver a repetir el nombre de alguno de ellos.

El museo

Ahora están en el museo de la ciudad. Allí se exponen objetos antiguos y valiosos. Pronto descubren los juguetes. "¡Oh! ¡Qué bonitos!

Objetivos

- Despertar el interés hacia el museo y presentar diferentes tipos de museos
- Descubrir qué objetos antiguos se encuentran en el museo
- Hablar del museo de los juguetes
- Hablar de los juguetes de antes y de ahora (usar *antes* y *ahora*)
- Hablar de los juguetes favoritos
- Hablar de lo que los niños hacen en su tiempo libre
- Usar el verbo *ir*

Contenidos

Vocabulario: exponen; objetos; antiguo, moderno; los juguetes, la muñeca, el tren de vapor, la bicicleta, la pelota, el puzzle, el coche de caballos; antes, ahora; el museo, el parque, el teatro, el cine, el circo, la piscina, el zoo, el parque de atracciones, el concierto.

Expresiones útiles
¡Oh! ¡Qué bonito!
¿Qué juguetes del museo te gustan más?
Me gusta/me gustan...
¿Cuáles son tus juguetes favoritos?
Mis juguetes favoritos son...
¿Has estado alguna vez en un museo?
Antes los juguetes eran...
Ahora los juguetes son...
¿Adónde vas en tu tiempo libre?
Voy a...

Página introductoria

Procedimiento: Explique que hoy van a hablar sobre el museo. Pregunte: *¿Quién ha ido a un museo? ¿Qué han visto? ¿Qué creen que hay en un museo?*
Comente que Carmen, Pablito y sus amigos van de visita a un museo muy interesante, y que la sección que más les gusta es la de los juguetes.
Pregunte: *¿Cómo creen que eran* ***antes*** *los juguetes? ¿Qué juguetes creen que existían* ***antes****?*
Escriba las respuestas en la pizarra.
Los niños abren los libros y observan el dibujo. Anímelos a decir quiénes están en el museo, qué juguetes hay, quién cuida el salón, cómo era la ropa antes, etc.
Pregunte: *¿Qué otros juguetes creen que hay en el museo?* Dé tiempo para que los niños dibujen sus respuestas en los cuadernos.
Comenten los dibujos. Cada niño/a muestra el suyo y dice qué ha dibujado. Si no sabe decir en español qué dibujó, debe preguntar: *¿Cómo se dice en español...?* (escriba la pregunta y la respuesta en la pizarra).

Página 40

Procedimiento: Los niños leen las palabras y colorean los dibujos. Luego hacen el crucigrama (si es necesario, explique cómo; las palabras se escriben sin el artículo). Hagan juntos el primer ejemplo.
En la pizarra, escriba: *¿Qué juguetes del museo te gustan?*

Usted pregunta primero, los niños responden ayudándose con los dibujos del libro (página 40). El/la niño/a que responde pregunta después, y así sucesivamente hasta que todos hayan participado.
En la parte inferior de la página dibujan los juguetes que más les han gustado y escriben sus nombres debajo.

→ **Actividad complementaria**

Material necesario: tarjetas de cartulina blanca, lápices de colores.

Procedimiento: Juntos, van a confeccionar un juego de Memory. Reparta a cada niño seis tarjetas de cartulina. Cada niño dibuja en cada tarjeta un juguete, el que desee. Cuando hayan terminado, reparta otras seis tarjetas en blanco a cada niño. En estas tarjetas escriben los nombres de los juguetes que dibujaron, un nombre en cada tarjeta. Ayúdeles si no saben cómo se llama un determinado juguete. Los niños comprueban que cada tarjeta tenga su pareja (palabra-dibujo).
Divida la clase en parejas. Cada pareja comprueba si los dibujos que tiene son diferentes. De ser así, mezclan las tarjetas (ahora cada pareja tiene 24 tarjetas). Si dibujaron juguetes repetidos, deben retirar del mazo las tarjetas repetidas (el dibujo y la palabra). Las reglas del juego aparecen detalladas en la página 16, en el capítulo sobre la ciudad.

Pagina 41

Material necesario: una tarjeta de cartulina negra para cada niño, tijeras.

Procedimiento: Van a jugar a las adivinazas. Para esto, cada niño/a dibuja la silueta de un juguete.
Comience dibujando usted algunos ejemplos en la pizarra (oso, robot, trompo, auto, soldadito de plomo, avión, etc.). Reparta a continuación a cada niño/a una tarjeta de cartulina negra y comiencen a trabajar. Cuando los dibujos estén terminados, recórtenlos.
Los niños forman un círculo con las sillas. En el centro (en el piso), usted coloca un mantel o un papel grande y blanco sobre el cual ponen las siluetas que hicieron. Haga usted también una.
Observen juntos los trabajos (recuerde a los niños que **no** deben decir nada si reconocen las siluetas, ya que van a jugar a las adivinanzas). Pregunte: *¿Qué es?* (señale la silueta que hizo usted). El/la niño/a que conteste preguntará a continuación, señalando la silueta que él/ella hizo, y así sucesivamente hasta que todos hayan participado.

Ahora los niños trabajan en sus libros. Deben reconocer las siluetas que están dibujadas allí y escribir debajo de cada una el nombre que corresponda: en los rectángulos rojos, las palabras de género femenino; en los rectángulos azules, las de género masculino.
En la parte inferior de la hoja, pídales que dibujen dos de sus juguetes preferidos y que escriban el nombre de éstos debajo de los dibujos. Si no saben los nombres, deben preguntárselo (*¿Cómo se dice en español...?*). Escriba los nombres en la pizarra.

→ **Actividad complementaria**

Material complementario: fotocopia de la letra de la canción *En el museo* (o la letra escrita en la pizarra).

Procedimiento: Primero, pida a los niños que escuchen la canción dos veces. Después, pídales que la tarareen. Cuando se hayan familiarizado con la melodía, cántenla todos juntos.

En el museo
En el museo hay bicicletas,
grandes pelotas,
rubias muñecas.

Cofres, coches y ordenador,
cómo me gusta el tren de vapor.

Coches de caballo,
también tren eléctrico,
en mi tiempo libre,
al museo yo voy.

Como tema de investigación para la clase siguiente, los niños preguntan a sus padres y abuelos: *¿Con qué jugaban cuando eran niños? ¿Cómo eran los juguetes antes?* Los niños hacen dibujos con las respuestas de sus familiares y traen sus trabajos a la clase la próxima vez.

Página 42

Material necesario: los dibujos que los niños hicieron en casa con la información que les dieron sus padres y abuelitos.

Procedimiento: Haga un mural con los trabajos que trajeron los niños. Dé tiempo para que todos observen los trabajos y los comenten entre sí.
Pregunte: *¿Quién desea contar con qué jugaban sus padres o abuelitos cuando eran pequeños? ¿Cómo eran*

*los juguetes **antes**?* Los niños cuentan y muestran sus dibujos.
Los niños abren los libros en la página 42 y observan las ilustraciones. Pídales que digan cómo se llaman los elementos, de izquierda a derecha, empezando con la momia y terminando con el vestido.
En los rectángulos de color naranja, escriben la palabra ***antes*** para los objetos antiguos, la palabra ***ahora*** para los objetos modernos.

→ Actividades complementarias

1. Material necesario: fotocopia de la canción *Vamos a cantar*, CD del libro.

Procedimiento: Los niños escuchan la canción dos veces. Pregunte: *¿Qué han entendido?* En la pizarra, escriba/dibuje las palabras que los niños vayan diciendo.

el oído________________
________________ los ojos

Escuchen la canción una vez más. Luego reparta la letra de la canción, una copia a cada niño/a. Léanla juntos.
Los niños escuchan una vez más la canción y la cantan juntos. Mientras cantan, pueden señalar las partes de su cuerpo (ojos, manos, oídos, boca).

Niños vamos a cantar
Niños, vamos a cantar
una bonita canción.
Yo te voy a preguntar,
tú me vas a responder.

—Los ojos, ¿para qué son?
—Los ojos son para ver.

—¿Y el oído?
—Para oír.

—¿Y el tacto?
—Para tocar.

—¿Y el gusto?
—Para gustar.

—¿Y el alma?
—Para sentir, para querer, para pensar.

2. Material necesario: una soga de dos o tres metros de largo, un saquito lleno de frijoles atado a un extremo de la soga.

Procedimiento: Van a jugar al "Baile de la bruja". Para realizar esta actividad necesita espacio, así que es recomendable jugar en el patio del cole o en la cancha de deportes.
Los niños son las brujitas y los brujitos. Ellos forman un círculo alrededor de la "bruja mayor", que es usted. Como bruja mayor, les explica las reglas del juego. Su soga mágica no debe tocar a ninguno de ellos cuando la haga dar vueltas. Y como todos son brujitos, en este juego tienen tres vidas. Si la soga toca a un brujito o brujita, perderá una vida; si lo toca tres veces, perderá sus tres vidas y tendrá que salir del juego.
Antes de comenzar el juego, haga una prueba. Haga círculos sobre el piso con la soga embrujada. Todos los brujitos y brujitas deben saltar antes que la soga embrujada los toque. Gana el brujito o brujita que quede solo al final.
Si lo desea, puede confeccionar gorros de brujitos para jugar.

Página 43

Comente que a Pablito le gusta ir a muchos lugares en su tiempo libre. Pregunte a los niños: *¿Adónde creen que va Pablito?* Escriba en la pizarra las respuestas.
Los niños abren sus libros en la página 43 y cada uno lee una frase. Marcan con una cruz los lugares adonde van o han ido alguna vez. Esta actividad la realizan en forma individual.
Lea ahora la pregunta de Zulu: *¿Adónde vas*? Y la respuesta de Pablito: *Voy a la piscina.*
Practiquen juntos. Pregunte a un niño: *¿Adónde vas en tu tiempo libre?* El/la niño/a lee la respuesta que ha marcado y pregunta a otro/a niño/a, y así sucesivamente hasta que todos hayan participado.
En el libro, los niños dibujan adónde va Pablito.

→ Actividad complementaria

Material necesario: página para fotocopiar n° 17.

Procedimiento: Ésta es una actividad para repasar el vocabulario de los días de la semana, los meses del año y la pregunta "¿Adónde vas?"
Pregunte a los niños: *¿Cuáles son los días de la semana? ¿Cuáles son los meses del año?* Escriba las respuestas en la pizarra.

Reparta una fotocopia a cada niño. En ella, deben escribir adónde van, qué día y en qué mes. Por ejemplo:

2 lunes octubre piscina
Voy a la piscina el lunes 2 de octubre

Escriben las oraciones en sus cuadernos. Pueden dibujar junto a ellas, si lo desean.

Página 44

Material necesario: CD del libro.

Procedimiento: Para terminar el capítulo, los niños investigan adónde van Pablito, Carmen, Ly y Pepe. Recorren con el lápiz, sin levantarlo del papel y sin salirse de las líneas, el camino que deben seguir Pablito, Carmen y sus amigos para llegar al lugar que desean.
Repasen la canción. Ponga el CD para recordar la melodía de la página 42 y canten todos juntos.

La biblioteca

En la biblioteca hay millones de libros. "¡Anda! ¡Este libro yo lo tengo!"

Objetivos

- Despertar el interés por la biblioteca y los libros
- Hablar de los libros y autores favoritos y de los personajes de los libros
- Utilizar los verbos *ser* y *estar*
- Introducir los números del 1 al 100
- Practicar el uso del singular y el plural
- Usar los adjetivos *cerrado, abierto, viejo, nuevo*

Contenidos

Vocabulario: la biblioteca, la cocina; los libros, los cuentos, las canciones, la aventura, los animales; el diccionario; favorito; el personaje, la princesa, un pirata, una clave de sol, un gato, los espaguetis; cerrado, abierto, viejo, nuevo; los números del 1 al 100.

Expresiones útiles
¡Mira! ¡Este libro lo tengo!
¿Cuál es tu libro favorito?
Mi libro favorito es...
¿Qué personaje corresponde a cada libro?
¿Cómo es el/la...?
¿Cómo está el/la...?
¿En qué página está abierto el libro?

Página introductoria

Material necesario: página para fotocopiar n° 18.

Procedimiento: Pregunte a los niños si han ido a la biblioteca. *¿Qué hay en la biblioteca? ¿Qué se necesita para sacar un libro? ¿Qué se puede hacer en la biblioteca? ¿Cómo debe portarse uno en la biblioteca?* Comente que Carmen, Pablito y sus amigos van a la biblioteca. *¿Saben para qué?*
Observen el dibujo. Permita que los niños describan lo que ven. Para ayudarles un poquito, puede preguntar: *¿Quiénes están en la biblioteca? ¿Qué hacen?*
Ahora van a hacer los carnets de la biblioteca. Reparta una fotocopia a cada niño/a y pídales que completen los datos personales que se les piden: nombre, apellido, dirección, edad, colegio.
Explique que van a usar este carnet siempre que deseen pedir prestado un libro del salón de clase. Si no tiene una pequeña biblioteca en el salón de clase, pida ayuda a los padres de los niños para formar una; quizás tengan en casa libros que ya no necesiten.

Página 46

Material necesario: Tarjetas en las cuales ha escrito: *aventura, cuentos, cocina, canciones, animales, diccionario.* Pida con anticipación que cada niño/a traiga su libro favorito la próxima clase.

Procedimiento: Formen un círculo con las sillas; siéntense. Cada niño/a tiene consigo su libro favorito. Traiga usted también el suyo, en español. Si puede, traiga otros libros en español para los niños.
Usted comienza enseñando su libro. Diga qué clase

de libro es: un cuento, una aventura, etc. Continúa el/la niño/a que se sienta a su derecha; él/ella también cuenta algo sobre su libro. Luego continúa el/la siguiente, y así sucesivamente hasta que todos hayan participado.
Lea en voz alta lo que dice en cada una de las tarjetas que escribió; conforme vaya leyendo, las va colocando sobre la mesa.
Tome su libro y diga: *Mi libro es un libro de aventura.* Colóquelo junto a la tarjeta que dice *aventura*. Continúa el/la niño/a de su derecha: *Mi libro es un libro de...* Coloca el libro junto a la tarjeta que le corresponde. Todos los niños deben participar; corrija la pronunciación si es necesario.
Pida ahora que los niños abran los libros del curso de español en la página 46. Cada niño/a lee una frase, comenta la ilustración y hace un círculo azul alrededor de su libro favorito. Colorean los dibujos.
Pregunte: *¿Cuál es tu libro favorito?* Cada niño/a responde, de acuerdo con el círculo que haya hecho: *Es el libro de...*

→ Actividad complementaria

Material necesario: hojas en blanco y de colores A4, lápiz, tijeras, pegamento, las tarjetas que utilizó en la actividad anterior (*aventura, cuentos...*).

Procedimiento: Los niños van a fabricar libros propios. Pueden dibujar, pintar, pegar, escribir, etc.
Divida la clase en seis grupos. Sobre una mesa, coloque boca abajo las tarjetas. Un/a niño/a de cada grupo elige una tarjeta y la lee en voz alta. Ése es el tema del libro que van a elaborar.
Reparta 4 ó 6 hojas A4 en blanco a cada grupo, y una de color (el color lo eligen los niños). Pida que doblen las hojas por la mitad (como un libro); tome usted un papel y muéstreles cómo. El papel de color es la carátula del libro.
Si algún grupo tiene interés en otro tema (caballos, delfines, etc.), puede cambiar.
Cuando los libros estén terminados, los grupos intercambian sus libros. Éstos serán los primeros libros de la biblioteca del salón, hechos por ellos.

Es muy importante crear una pequeña biblioteca en español para los niños en el salón de clase. Hable con los padres, quizás ellos puedan ayudarle. Cuando un/a niño/a desee pedir prestado un libro de la biblioteca del salón, deberá hacer uso del carnet que elaboró en la actividad de la página introductoria de esta lección.

Página 47

Procedimiento: Pida a los niños que dibujen la carátula de su libro favorito, le pongan el título e ilustren una página interior.
Hablen sobre los cuentos de hadas más conocidos, *Caperucita Roja*, por ejemplo. *¿Qué personajes participan en estos cuentos?* Anote en la pizarra las respuestas.

El cazador
La madre de Caperucita Roja
El lobo
La abuelita

Pregunte: *¿Qué otros cuentos conocen?* Repita el proceso anterior en la pizarra. Luego, los niños copian las respuestas en sus cuadernos.
Continúen trabajando en el libro. Los niños relacionan los personajes y los libros y escriben frases, siguiendo el ejemplo dado.

→ Actividad complementaria

Material necesario: manzanas, plátanos, naranjas, fresas, kivis y otras frutas de estación. Para cada grupo, una tabla para cortar las frutas, cuchillo, recipiente grande para preparar la ensalada, platos y cubiertos para servir y comer.

Procedimiento: En la biblioteca del salón, Carmen encontró un libro de cocina muy interesante. Tanto le gustó que preparó una receta. Los niños van a preparar esa receta.
En la clase anterior, divida a los niños en cuatro grupos. Ellos deciden qué frutas van a traer. Envíe una nota a los padres para comunicarles que en la próxima clase van a preparar una ensalada de frutas.
El día acordado, los niños forman sus grupos. Reparta las tablas para cortar las frutas, los cuchillos, etc. Todos se lavan las manos, lavan las frutas, las pelan si es necesario, las cortan en trozos pequeños, las colocan en el recipiente, mezclan todo y sirven la ensalada. Se sientan en círculo y se comen la rica ensalada de frutas.
Cuando hayan terminado, pregunte: *¿Qué frutas han comido?*
Proponga hacer un recetario de cocina. Cada niño/a trae de la casa una receta fácil de preparar en clase (les piden ayuda a sus madres/padres). Escriben las recetas y con ellas elaboran un libro de cocina para la biblioteca del salón.

Página 48

Material necesario: lápices de colores.

Procedimiento: Abra la puerta del salón y diga: *La puerta **está** abierta*. Cierre la puerta y diga: *La puerta **está** cerrada*. Vaya hacia la ventana y repita la acción.
Utilice ahora el verbo *ser*. *¿Cómo **es** la puerta? ¿Cómo **es** la ventana?*
Conteste utilizando los adjetivos *nuevo, viejo*. En la pizarra, escriba estas preguntas y respuestas:

*¿Cómo **está** la...?* (escriba *está* en rojo). *La mochila **está** abierta.*
*¿Cómo **es** la...?*(escriba **es** en azul). *La mochila **es** nueva.*

Los niños practican ahora con las cosas que hay en el salón de clase. Pueden preguntar con *ser* o *estar*.
Luego trabajan en los libros. Pida que lean las frases y coloreen los dibujos.
En la sopa de letras, buscan las palabras: *cerrado, abierto, viejo, nuevo* (cada palabra dos veces). Junto a estas palabras hay dos cuadrados vacíos. Conforme vayan localizando las palabras escondidas en la sopa de letras, colocan una **X** en los cuadrados vacíos.

→ Actividad complementaria

Material necesario: tarjetas en blanco.

Procedimiento: Van a repasar el vocabulario aprendido en las lecciones anteriores: el cuaderno, el libro, la ventana, la mochila, la papelera, etc.; azul, amarillo, rojo, verde, etc.; delante, detrás, encima de, debajo de, abierto, cerrado, etc.
Divida la clase en grupos de tres o cuatro niños. Reparta diez tarjetas blancas por grupo. Cada grupo escribe frases utilizando el vocabulario dado, una frase por tarjeta. Si lo considera necesario, haga con los niños un ejemplo en la pizarra.
Cuando hayan terminado, dé un nombre a cada grupo: Grupo A, B, C, D. Cada grupo junta las tarjetas que escribió, forma un mazo con ellas y las coloca boca abajo en el centro de su mesa.
Un/a niño/a del Grupo A lee una de las tarjetas que escribió (la primera del mazo). Por ejemplo: *La papelera verde **está** junto a la pizarra.* El/la niño/a que leyó le pide a un/a niño/a del Grupo B que señale lo que acaba de leer y que coloque la tarjeta junto al objeto que señaló.
Si el/la niño/a del Grupo B acierta, gana un punto para su equipo y lee una de las tarjetas que su equipo escribió. Si no acierta, el Grupo A gana el punto y lee otra tarjeta. El Grupo C compite con el grupo D. Hay dos grupos ganadores.
Si lo considera oportuno, los dos grupos ganadores pueden competir entre sí después.

Página 49

Material necesario: tres dados por grupo, 20 frijoles o fichas de colores por grupo.

Procedimiento: Cuente con los niños hasta 10 dando palmadas: *uno*, una palmada; *dos*, dos palmadas, hasta llegar a 10. Siga contando del 11 al 20, esta vez dando golpes en el suelo con ambos pies juntos.
En la pizarra, escriba *más* **(+)**; haga un ejemplo: 2 más 3 = 5
Divida la clase en grupos de tres personas cada uno. Reparta sólo dos dados por grupo. Un/a niño/a del grupo lanza los dados. Dice los números que hay en cada dado, por ejemplo *tres más cuatro*. Los otros dos niños deben sumar mentalmente y dar la respuesta. El/la niño/a que dé primero la respuesta correcta toma un frijol o ficha de color del centro de la mesa. El que acertó lanza los dados y los otros dos deben contestar. El juego termina cuando ya no queden más frijoles en el centro de la mesa. Gana quien tenga más frijoles. Hay un ganador por grupo. Si lo cree oportuno, permita que los ganadores de cada grupo compitan entre sí para escoger al ganador de la clase.
Ahora los niños abren sus libros y leen los números del 1 al 40, primero juntos en coro. Vuelven a formar los grupos y practican. Cada niño lee un número hasta llegar al 40.
Puede variar la actividad: un/a niño/a del grupo lee los números, los otros los escriben en sus cuadernos.
Usted lee los números que faltan: 50, 60, 70, 80, 90, 100.
Pregunte: *¿Qué grupo desea contar del 50 al 60?* Repita la pregunta con los números que faltan, hasta llegar al 100.
En los libros, los niños completan en equipo las series de números que faltan y las leen en voz alta.

→ Actividad complementaria

Material necesario: página para fotocopiar n° 19, saquito de tela o bolsa no transparente, fotocopia de la tabla de los números del 1 al 100 (página para fotocopiar n° 20, dos copias, una de ellas laminada y recortados los números).

Procedimiento: Reparta una tarjeta de bingo a cada niño/a (fotocopia n° 19). Pídales que escriban en cada casilla vacía un número del 1 al 30, no en orden. No deben repetir ningún número. Ponga un ejemplo en la pizarra.
Explique las reglas del juego. Explique que usted sacará del saquito o bolsa un número, que dirá en voz alta. Cada niño/a buscará en su tarjeta de bingo el número que usted leyó. Si lo tiene, lo marca con una X. Si no lo tiene, no marca nada y sigue jugando.
Ponga en el saquito o bolsa los números que recortó, pero sólo los del 1 al 30. Saque un solo número cada vez y léalo dos veces; dé tiempo suficiente para que los niños busquen ese número en sus tarjetas.
Continúe con el número siguiente, hasta que algún/alguna niño/a tenga toda la tarjeta marcada y diga *bingo*.
Compruebe si la tarjeta está completa. En la pizarra, escriba los números que leyó, los cuales ha ido colocando sobre la tabla de los números del 1 al 100 (fotocopia n° 20). Si la tarjeta del/de la niño/a que dijo *bingo* no está bien marcada, continúan jugando.
Cuando los niños hayan aprendido bien los números del 1 al 30, utilice más números, hasta llegar al 100.

Página 50

Procedimiento: Observen detenidamente los dibujos. Pregunte: *¿Qué libros son?* (libro de aventuras, libro de cocina, libro de animales, libro de cuentos).
Pregunte: *El libro de aventuras, ¿en qué página está abierto?*
Escriba la respuesta en la pizarra, usando un color de tiza diferente para el verbo *estar*: *El libro de aventuras* ***está*** *abierto en las páginas treinta y treinta y uno.*
Escriba las siguientes preguntas en la pizarra:
El libro de cocina, ¿en qué página ***está*** *abierto?*
El libro de animales, ¿en qué página ***está*** *abierto?*
El libro de cuentos, ¿en qué página ***está*** *abierto?*

Los niños trabajan en parejas y escriben las respuestas en el libro, siguiendo el ejemplo de la pizarra.
Pueden mirar la página 45 para escribir los números.
Déles tiempo para colorear.

→ **Actividad complementaria**

Material necesario: cuatro cintas métricas, una balanza para que los niños se pesen, tarjetas en blanco.

Procedimiento: Divida la clase en parejas. Reparta una tarjeta en blanco a cada niño/a. En la pizarra escriba:

Nombre:
Edad:
Peso:
Estatura:

Pida a los niños que escriban lo mismo en las tarjetas que han recibido.
En la pared, fije las cintas métricas, comenzando al ras del piso. Marque a la altura de un metro.
Los niños escriben el nombre de su pareja en una tarjeta. Miden a su compañero/a. El/la niño/a que va a ser medido/a se para derecho/a, con los pies juntos, bien pegado/a a la pared, delante de la cinta métrica. El/la niño/a que lo mide coloca la regla sobre la cabeza de su compañero/a para marcar la estatura y escribe en la tarjeta la medida obtenida. Luego lo/la pesa y anota el peso también.
Ahora el/la otro/a niño/a mide y pesa a su compañero/a. Cuando todos han terminado, cada niño/a informa al resto del grupo el peso y la estatura de su pareja. Haga un ejemplo en la pizarra:

Patrick tiene 7 años, mide un metro con 23 centímetros y pesa 18 kilos.

En sus cuadernos, los niños escriben:

Yo tengo _________ años, mido ______ metro con _____ centímetros y peso________ kilos.

También escribe el nombre y los datos que ha obtenido de su pareja:

Pablo tiene _________ años, mide ______ metro con _____ centímetros y pesa________ kilos.

El polideportivo

En el polideportivo se practican muchos deportes.
Hoy juegan un partido de fútbol. "¡Gooooool!"

Objetivos

- Hablar de los deportes que les gustan/no les gustan a los niños
- Discutir con qué frecuencia practican esos deportes y en qué estación
- Hablar del equipo y la ropa necesaria para practicar los distintos deportes
- Hablar de equipos y jugadores favoritos

Contenidos

Vocabulario: el polideportivo; el futbol, la gimnasia, el tenis, la equitación, el baloncesto, la natación, el ciclismo, el esquí, la esgrima, el ajedrez; la semana; una pelota, una bicicleta, un caballo, una raqueta, una piscina.

Expresiones útiles
¿Practicas alguno de estos deportes?
¿Con qué frecuencia practicas estos deportes?
Nunca practico...
Varias veces a la semana practico...
Me gusta...
No me gusta...
Para practicar... necesito...

Página introductoria

Material necesario: revistas, catálogos, periódicos deportivos; cuatro cartulinas (blancas o de colores), tijeras, pegamento, rotuladores de colores.

Procedimiento: Divida la clase en cuatro grupos. Reparta las cartulinas (una por grupo) y los demás materiales. Pregunte: *¿Qué deportes conocen?* Haga una lista en la pizarra con las respuestas de los niños.
Pídales que confeccionen un collage deportivo. Busquen en los catálogos y revistas imágenes de los deportes que señalaron antes: equitación, baloncesto, fútbol, ballet, natación, tenis, esquí, ciclismo, ajedrez, tenis de mesa, etc. Forme un mural con los trabajos y coméntenlos.
Ahora observen juntos la página 51. Pregunte:
¿Qué hacen los niños? (juegan al fútbol)
¿Por qué Pablito está contento? (porque su equipo acaba de meter un gol)
¿Qué número tiene la camiseta del arquero? (el número 10)
¿De qué color es su uniforme? (rojo y amarillo)

→ **Actividad complementaria**

Material necesario: página para fotocopiar n° 21, lápices de colores.

Procedimiento: Pregunte: *¿Cúal es tu equipo favorito de fútbol? ¿De qué color es su uniforme?* Reparta a cada niño/a una fotocopia y pídales que pinten los colores de su equipo favorito. Pregunte a continuación: *¿Qué se necesita para jugar al fútbol?* (la pelota, el arco, etc.). Pídales que también dibujen esos elementos y que escriban debajo de los dibujos cómo se llaman.

Introduzca ahora el siguiente poema:

Mi pelota
Mi pelota sí rebota,
si no rebota es que está rota.
Mi pelota no rebota,
mi papá me compra otra.

Página 52

Material necesario: página para fotocopiar n° 22, lápices de colores, tijeras.

Procedimiento: Lea usted los nombres de los deportes y pídales a los niños que los vayan repitiendo. Luego, cada niño/a lee el nombre de un deporte (la gimnasia) dando palmadas (separa en sílabas la palabra —palmada/*gim*, palmada/*na*, palmada/*sia*). Haga usted el primer ejemplo. Todos participan en esta actividad.
Pregunte: *¿Practicas alguno de estos deportes?* (pueden contar detalles: cuándo, dónde, con quién, etc.). Los niños escriben en sus libros el nombre del deporte que practican.

→ Actividad complementaria

Procedimiento: Van a jugar al Memory. Reparta las fotocopias (fotocopia n° 22), pida que primero coloreen los dibujos y luego que recorten las tarjetas del juego.
Explique las reglas si fuera necesario (aparecen en la lección sobre la ciudad, en la página 16).
Ahora los niños aprenden la siguiente canción. Cuando en la canción preguntan *¿Cómo se juega...?*, todos escenifican cómo se hace.

Canción: *Olé, olé, olé*
Olé, olé, olé,
fútbol, fútbol.

Olé, olé, olé, olé
fútbol, fútbol,
¿cómo juegas tú al fútbol?

Olé, olé, olé, olé
tenis, tenis.

Olé, olé, olé, olé
tenis, tenis,
¿cómo juegas tú al tenis?

Olé, olé, olé, olé
volley, volley.

Olé, olé, olé, olé
volley, volley,
¿cómo juegas tú al voley?

Puede ampliar esta canción con los nombres de otros deportes.

Página 53

Procedimiento: Pida a los niños que marquen con qué frecuencia practican los siguientes deportes: fútbol, gimnasia, tenis, equitación, esquí, ciclismo, natación y esgrima. Es una tarea individual. Ahora deben adivinar qué deporte y con qué frecuencia lo ha practicado un/a amigo/a. Usted comienza así: *Nunca practico...* (no diga el nombre del deporte), y hace la mímica. Los niños adivinan a cuál deporte se refiere.
Continúe así: *Una vez a la semana practico...* (mímica), *Varias veces a la semana practico...* (mímica).
Todos los niños deben participar siguiendo el ejemplo. Luego completan en sus libros con qué frecuencia hacen un deporte.

Página 54

Procedimiento: Los niños dibujan tres deportes que practican o que les gustaría practicar y un deporte que no les gustaría practicar. Escriben los nombres de esos deportes.

→ Actividad complementaria

Material necesario: hula-hoop, pelotas de gimnasia, pelotas de baloncesto, ropa y zapatos de deportes.

Procedimiento: Hoy van a hacer deporte y hay que vestirse y calzarse adecuadamente. Empiezan con la gimnasia. Los niños se dispersan por la cancha de deporte. Cada uno tiene una pelota pequeña.

Lanza la pelota y agárrala
Los niños lanzan la pelota hacia arriba y aplauden tres veces antes de volver a agarrarla.
Otra vez lanzan la pelota hacia arriba, se sientan en el piso y agarran la pelota. La vuelven a lanzar, se levan-

tan del piso y la agarran. La pelota no debe tocar el piso en ningún caso.

Pelota contra la pared
Forme parejas. Cada pareja juega con una pelota.
Cada pareja se para mirando la pared.
Un/a niño/a lanza la pelota contra la pared, su pareja la agarra antes de que toque el piso.
El/la niño/a que agarró la pelota la lanza y su compañero la agarra ahora. Siguen intercambiando funciones.

Hula-hoop
Divida la clase en cuatro equipos.
Los equipos se ubican en un extremo de la cancha deportiva. Los niños de cada equipo se sientan uno detrás del otro.
Cada grupo recibe un hula-hoop.
Al otro extremo de la cancha, frente a cada equipo, coloque una pelota.
El/la primer/a niño/a de cada grupo hace rodar el hula-hoop hasta el otro extremo de la cancha. Da la vuelta alrededor de la pelota y regresa a su sitio (siempre haciendo rodar el hula-hoop).
Apenas llega, continúa el/la siguiente niño/a de su equipo.
Gana el equipo que termine primero.

Baloncesto
Entregue una pelota de baloncesto a cada equipo. Los cuatro primeros niños de cada equipo comienzan.
Caminando, hacen rebotar la pelota hasta llegar al cesto.
Lanzan la pelota y una vez que meten canasta regresan a su sitio, caminando y haciendo rebotar la pelota.
Entregan la pelota a su compañero/a y éste/a repite la acción.
Gana el equipo que termine primero.

Página 55

Procedimiento: Pregunte: *Para practicar fútbol, ¿qué necesitas?* (la pelota) *Para practicar ciclismo, ¿qué necesitas?* (una bicicleta).
Pida a los niños que relacionen los deportes con los dibujos. En el libro escriben oraciones.

Página 56

Procedimiento: Los niños completan el crucigrama. Explíqueles cómo, si lo considera necesario, o permita que algún/alguna niño/a explique el procedimiento en lugar suyo.
Encuentren juntos la primera palabra. Si no recuerdan cómo se llaman los deportes que están dibujados en la página, pueden consultar la página 52. Es un trabajo en parejas.
Cante con los niños *Olé, olé, olé.*

→ Actividad complementaria

Material necesario: cartulinas.

Procedimiento: Pida a los niños con antelación que busquen la imagen de su deportista favorito en periódicos y revistas deportivas. Pídales que lo recorten y lo peguen en la cartulina que usted les ha dado. Los niños escriben el nombre del deportista y el deporte que practica. Investigan: ¿Cuántos años tiene? ¿En qué equipo juega? ¿De qué nacionalidad es? Elaboran un mural, cada uno comenta su trabajo e informa lo que sabe sobre su deportista favorito.

La fiesta

Hoy los chicos y chicas de la clase exponen carteles, fotos, álbumes para presentar su ciudad. ¡Qué ciudad tan bonita!

Objetivos

- Practicar el vocabulario y las expresiones aprendidas en las lecciones anteriores
- Evaluar a los alumnos
- Evaluar el logro de los objetivos propuestos: qué podría mejorar, qué no volvería a hacer

Contenido

Repaso del vocabulario relacionado con todas las unidades del libro. Organización de la fiesta de fin de curso.

Preparativos

Divida la pizarra en seis columnas con las siguientes preguntas:
¿Cuándo y dónde es la fiesta?
¿Quién puede venir a la fiesta?
¿Qué cosas necesitan?
¿Qué van a beber y a comer?
¿Qué temas van a presentar?
Yo, ¿qué voy a hacer?

Conforme los niños vayan expresando sus inquietudes, anote en la pizarra todas las sugerencias. Después, lleguen juntos a un compromiso. Sugiera que se repartan las tareas. Por ejemplo, si deciden invitar familiares a la fiesta de fin de curso, un grupo se encargará de elaborar las invitaciones. Recuerde que los padres pueden contribuir con bebidas, tartas, dulces, etc., así que no olvide avisarles con suficiente anticipación.
Con su ayuda, los niños confeccionan elementos decorativos para la fiesta. Pueden usar los murales que elaboraron en las unidades anteriores del libro o pueden hacer murales nuevos. Otra posibilidad es que hagan álbumes con las fotos que tomaron en el paseo al parque o con hojas secas y flores.
Ayúdeles a escoger varios temas relacionados con las unidades del libro. Repartan los temas por grupos. Si escogen el tema del museo, por ejemplo, los niños pueden traer juguetes antiguos, fotos e imágenes de todo tipo. Si escogen como tema los países de habla hispana, pueden confeccionar banderas con los nombres de los respectivos países, dibujar trajes típicos, etc. Si el tiempo les alcanza, practiquen un baile regional de un país de habla hispana.
También pueden cantar con los padres un popurrí de las canciones aprendidas a lo largo del año escolar (no olvide tener fotocopias de las canciones). Escuchen el CD del libro mientras van preparando la fiesta con el fin de recordar las canciones que aprendieron a lo largo del curso.

Páginas 58, 59, 60 y 61

Procedimiento: Utilice estas cuatro páginas para evaluar el vocabulario aprendido y repasar los posibles temas que se pueden usar para la fiesta. Divida la clase en grupos de tres o cuatro niños. Los niños trabajan primero sin ayuda del libro e inten-

tan recordar los conceptos en grupo. Si no saben el significado de una palabra, por ejemplo, pueden consultar en el libro la información que les hace falta.
Una vez repasado el vocabulario, pregúnteles qué unidad le gustó más y por qué. *¿Qué temas les gustaría preparar para la fiesta de fin de año escolar?* Forme grupos de trabajo definitivos y reparta los temas. Asegúrese de que todos los niños participen.
Tenga en cuenta que preparar una exposición, una representación o una actividad similar exige tiempo (dos clases). Ayude a los grupos a organizarse, sin limitar el espíritu de iniciativa. Respete la forma de trabajar de los niños ya que ellos van a demostrar lo que aprendieron en clase, no qué tanto sabe el/la maestro/a ni cómo se expone un tema.
Cada grupo hace una lista de los materiales que necesita para su exposición (los traen la clase siguiente, de modo que puedan comenzar de inmediato). Proporcione usted materiales adicionales (cartulinas, láminas, fotos, etc.) si lo considera necesario.

→ Actividad complementaria
Introduzca el poema "Terminan las clases" (pág. 49) y la canción "El pie derecho" (pág. 49). Reciten y canten en la fiesta de fin de curso.

Los niños cantan y representan simultáneamente la canción.

Páginas 62, 63 y 64

Procedimiento: Los niños realizan los ejercicios de estas tres páginas de forma individual. Se trata de actividades de repaso de las unidades del libro.
Luego, trabajan en parejas. Un/a niño/a le pregunta a su compañero/a (las preguntas de la página 62) y escribe las respuestas en su cuaderno. Luego el/la otro/a niño/a pregunta y también escribe las respuestas en su cuaderno. Cuando hayan terminado, cada niño/a cuenta lo que sabe del/de la compañero/a.
Para terminar, introduzca el poema.

A guardar, a guardar
A guardar, a guardar
cada cosa en su lugar,
despacito y sin hablar.

A guardar, a guardar
cada cosa en su lugar,
despacito y sin hablar.

→ Actividad complementaria
Procedimiento: Acabe el curso con la decoración del salón. Pueden decorar con globos, guirnaldas y trabajos propios. Exponen el material que han ido realizando a lo largo del curso y escriben en tarjetas los nombres de los objetos que lleven, de modo que los padres que asistan a la fiesta sepan cómo se llaman en español.
Con los juegos de tarjetas, el dominó y el bingo, haga un circuito de juegos. Los niños pueden jugar libremente, los padres también participan de esta actividad.
Organice un juego donde los padres y sus hijos jueguen juntos. Por ejemplo, jueguen a representar y adivinar. Para ello, escriba en tarjetas palabras alusivas a los medios de transporte (auto, avión, bicicleta, moto), a los oficios (maestra, músico, doctor policía) o a los deportes (fútbol, gimnasia, equitación, natación, esquí, ciclismo, tenis, esgrima), por ejemplo. Divida la clase en dos grupos: Grupo A, Grupo B.
Coloque todas las tarjetas en un mazo, boca abajo, sobre su mesa.
Un/a representante de cada grupo lanza al aire un dado. El puntaje mayor determina qué grupo empieza a jugar.
El equipo que comienza elige a un/a representante (un padre de su grupo), el cual se para delante de la clase. Toma la primera tarjeta del mazo, lee mentalmente la palabra y la representa con mímicas. El otro equipo debe adivinar (sólo los/las niños/as adivinan). Únicamente se pueden dar tres respuestas. Si adivinan, el equipo gana un punto; si no adivinan, tienen 0 puntos. Gana el equipo que primero obtenga 5 puntos. Los padres sólo hacen las representaciones, los niños sólo adivinan.
Los niños también cantan sus canciones favoritas. Pueden preparar un popurrí antes de la fiesta y acompañarse de los instrumentos musicales que confeccionaron cuando estudiaron la lección "El parque".
Mientras los padres observan los trabajos de sus hijos, coloque el CD del libro como música de fondo. Compartan los alimentos y bebidas que hayan traído, y, si lo desean, canten juntos una canción de despedida (es recomendable elegirla con antelación, de modo que haya fotocopias para todos).

Y aquí ha llegado el momento de nuestra despedida. Esperamos que esta guía didáctica le haya ayudado a alcanzar los objetivos y metas que usted se había fijado. Deseamos que tanto los niños como usted hayan disfrutado y aprendido con nuestro libro.
Mucha suerte, ¡y que siga disfrutando del mundo de la enseñanza del español con los niños!

Canciones, rimas, adivinanzas, poesías

1. Presentación (La casa)

2. María Chucena (recitado)
María Chucena, su choza techaba,
y un techador que por ahí pasaba le dijo:
—¡María Chucena! ¿Techas tú tu choza o techas la ajena?
—Ni techo mi choza ni techo la ajena.
Yo techo la choza de María Chucena.

3. Todos cuentan hasta tres
Todos cuentan hasta tres en la casa de Miguel. Uno, dos y tres.

4. En Roma hay una calle
En Roma hay una calle,
en la calle hay una casa.
En la casa un zaguán,
en el zaguán una cocina.
En la cocina una sala,
en la sala una alcoba.
En la alcoba una cama,
en la cama una dama.
Junto a la cama una mesa,
en la mesa una silla.
En la silla una jaula,
en la jaula un pajarito.
Un pajarito que dice...
Ésta es la llave de Roma y toma.
Ésta es la llave de Roma y toma.

5. El tren
Sobre rieles caminando
el tren dice chiqui, chiqui,
chiqui, chiqui va cantando
chiqui, chiqui, chiqui, cha.
Huele a humo mi casita
es que el tren ya va a pasar.
Se oye ya la maquinita,
chiqui chiqui, chiqui chiqui,
chiqui chiqui, chiqui chiqui,
chiqui chiqui, chiqui cha,
chiqui chiqui, chiqui cha.

6. El cole

7. Veo, veo (recitado)
Niño 1: —Veo, veo.
Niño 2: —¿Qué ves?
Niño 1: —Una cosita.
Niño 2: —¿De qué color?
Niño 1: —Roja.
Niño 2: —¿El libro?
Niño 1: —No, no.
Niño 2: —¿El lápiz?
Niño 1: —Sí, el lápiz.

8. Eme a ma (trabalenguas)
eme a, ma
eme e, ma, me
eme i, ma, me, mi
eme o, ma, me, mi, mo
eme u, ma, me, mi, mo, mu

9. Las vocales
a, a, a, mi burrita mala está
e, e, e, a mí me gusta el café
i, i, i, en un libro yo leí
o, o, o, mi burrito se asustó
u, u, u, a mí no me pegas tú.
Se lo digo a mi papá
cuando venga del Perú
u, u, u, a mí no me pegas tú,
a, e, i, o, u.

10. La vaca
a: la vaca se va
e: la vaca se fue
i: la vaca está aquí
o: la vaca se cayó
u: la vaca eres tú

11. Se escondieron las vocales
Se escondieron las vocales
y el niño a buscarlas sale.
La **a** en el mar
La **e** en el té
La **i** en maní
La **o** en el sol
La **u** en fun-fun.
Saltarín juguetón como tú.

12. La ciudad

13. Tengo metros y autobuses
Tengo metros y autobuses,
plazas, mercados y escuelas,
pisos, calzadas y aceras,
de noche muchas luces,
¿quién soy?

14. Camino por mi ciudad
Camino por mi ciudad
y veo qué hermosa es.
Tiene grandes edificios
y plazas para jugar. (2x)

Camino por mi ciudad
y veo qué hermosa es.
Con gente que vive feliz,
qué linda es mi ciudad.
Qué linda es mi ciudad,
qué linda es mi ciudad.

15. La calle

16. El barquito chiquitito
Érase una vez un barquito chiquitito.
Y érase una vez un barquito chiquitito.
Y érase una vez un barquito chiquitito
que no podía, que no podía,
no podía navegar.

Pasaron una, dos, tres, cuatro,
cinco, seis, siete semanas.
Y así los víveres y así los víveres
empezaron a escasear.

Si la canción, si la canción
no le parece larga,
si la canción, si la canción
no le parece larga,
la volveremos, la volveremos,
la volveremos a empezar.

Érase una vez un avión muy pequeñito.
Y érase una vez un avión muy pequeñito.
Y érase una vez un avión muy pequeñito
que no podía, que no podía,
no podía ya volar.

Pasaron una, dos, tres, cuatro,
cinco, seis, siete semanas.
Y así los víveres y así los víveres
empezaron a escasear.

Si la canción, si la canción
no le parece larga,
si la canción, si la canción
no le parece larga,
la volveremos, la volveremos,
la volveremos a empezar.

Érase una vez un autito chiquitito.
Y érase una vez un autito chiquitito.
Y érase una vez un autito chiquitito
que no podía, que no podía,
que no podía carretear.

Pasaron una, dos, tres, cuatro,
cinco, seis, siete semanas.
Y así los víveres y así los víveres
empezaron a escasear.

Si la canción, si la canción,
no le parece larga,
si la canción, si la canción
no le parece larga,
la volveremos, la volveremos,
la volveremos a empezar.

17. Rap de los colores
Rojo, rojo,
¡cuidado!, no cruces.
Mucho ojo.

Verde, verde, adelante.
Cruza la calle
en un instante.

Amarillo, amarillo,
¡alerta!, pronto habrá que parar
para que otros puedan pasar.

Hay autos por montones,
cruza siempre por
el paso de peatones.

Y si la calle quieres cruzar,
a la izquierda, a la derecha,
siempre debes mirar,
siempre debes mirar. (2x)

18. El parque

19. El cielo está enladrillado (recitado)
El cielo está enladrillado
¿Quién lo desenladrillará?
El desenladrillador que lo desenladrille
buen desenladrillador será.

20. Vuela mariposa (recitado)
Vuela mariposa, vuela en el jardín,
vuela por arriba, vuela por abajo
y se para en mi zapato.

Vuela por abajo, vuela por arriba
y se para en mi nariz, ¡achís!

21. Cinco ratoncitos (recitado)
Cinco ratoncitos de colita gris
mueven las orejas, mueven la nariz,
abren los ojitos, comen sin cesar,
por si viene el gato, que los comerá.
Comen un quesito y a su casa van,
cerrando la puerta, a dormir se van.

22. Mantanterulirulá
Muy buen día, su señoría.
Mantanteru - liru - lá.

¿Qué quería su señoría?
Mantanteru - liru - lá.

Yo quería una de sus hijas,
Mantanteru - liru - lá.

¿Cuál quería su señoría?
Mantanteru - liru - lá.

Yo quería a (nombre)
Mantanteru - liru - lá

¿Y qué oficio le pondremos?
Mantanteru - liru - lá

Le pondremos de modista
Mantanteru - liru - lá

Ese oficio no le agrada
Mantanteru - liru - lá

Le pondremos de pianista
Mantanteru - liru - lá

Ese oficio no le agrada
Mantanteru - liru - lá

Le pondremos de cocinera
Mantanteru - liru - lá

Ese oficio no le agrada
Mantanteru - liru - lá

Le pondremos de princesita
Mantanteru - liru - lá

Ese oficio sí le agrada
Mantanteru - liru - lá

23. La farolera
La farolera tropezó
y en la calle se cayó
y al pasar por un cuartel
se enamoró de un coronel.

Alcen las barreras
para que pase la farolera
de la puerta al sol,
ponga la escalera
y encienda el farol.

Después de encendido
se puso a contar
y todas las cuentas
le salieron mal.

Dos y dos son cuatro,
cuatro y dos son seis,
seis y dos son ocho,
y ocho dieciséis.

Y ocho veinticuatro,
y ocho treinta y dos,
ay, niña bendita
me arrodillo en vos.

24. Sobre el Puente de Aviñón
Sobre el puente de Aviñón
todos bailan, todos cantan,
sobre el puente de Aviñón
todos bailan y yo también.

Hacen así...
así las lavanderas,
hacen así...
así me gusta a mí.

Sobre el puente de Aviñón,
todos bailan, todos cantan,
sobre el puente de Aviñón
todos bailan y yo también.

Hacen así...
así las planchadoras,
hacen así...
así me gusta a mí.

Sobre el puente de Aviñón
todos bailan, todos cantan,
sobre el puente de Aviñón
todos bailan y yo también.

Hacen así...
así las cocineras,
hacen así...
así me gusta a mí.

Sobre el puente de Aviñón,
todos bailan, todos cantan,
sobre el puente de Aviñón,
todos bailan y yo también.

Hacen así..
(...)
hacen así...
así me gusta a mí.

25. Un parque
Un parque pequeño hay cerca de mi casa.
Tiene muchas flores, de todos colores.
Las que más me gustan son las flores rojas.
Un parque pequeño hay cerca de mi casa.

Tiene un árbol, es de color verde,
muchos pajaritos, que cantan todo el día,
lindas flores rojas y flores amarillas.

26. El restaurante

27. Te convido
—Te convido.
—¿A qué?
—A un café.
—¿A qué hora?
—A las tres.
(se puede recitar en parejas)

Entra Rosa, color de mariposa,
salta clavel, color de moscatel.

28. Arroz con leche
Arroz con leche, me quiero casar
con una señorita que sepa bailar.

Con ésta sí, con ésta no,
con esta señorita me caso yo.

Que sepa coser, que sepa planchar,
que sepa abrir la puerta para ir a jugar.

Arroz con leche, me quiero casar
con una señorita que sepa bailar.

29. El que come y no convida (recitado)
El que come y no convida
tiene un sapo en la barriga.
Yo comí y convidé,
el sapo lo tiene usted.

30. Tortitas de manteca
Tortitas de manteca
para mamá que está contenta.
Tortitas de salvado
para papá que está enojado.

31.El museo

32. Tengo una muñeca
Tengo una muñeca
vestida de azul,
con su camisita
y su canesú.

La saqué a paseo,
se me constipó,
la tengo en la cama
con mucho dolor.

Esta mañanita
me ha dicho el doctor,
que le dé jarabe
con el tenedor.

Dos y dos son cuatro,
cuatro y dos son seis,
seis y dos son ocho
y ocho dieciséis.
Y ocho veinticuatro,
y ocho treinta y dos,
ánimas benditas, me arrodillo yo.

33. En el museo
En el museo hay bicicletas,
grandes pelotas,
rubias muñecas.

Cofres, coches y ordenador,
cómo me gusta el tren de vapor. (2x)

Coches de caballo,
también tren eléctrico,
en mi tiempo libre
al museo yo voy.

En el museo hay bicicletas...

34. Niños vamos a cantar
Niños, vamos a cantar
una bonita canción.
Yo te voy a preguntar,
tú me vas a responder.

—Los ojos, ¿para qué son?
—Los ojos son para ver.

—¿Y el oído?
—Para oír.

—¿Y el tacto?
—Para tocar.

—¿Y el gusto?
—Para gustar.

—¿Y el alma?
—Para sentir, para querer, para pensar.

35. La biblioteca

36. Cuando cuento
Cuando cuentes cuentos,
cuenta cuántos cuentos cuentas,
porque si no cuentas
cuántos cuentos cuentas,
nunca sabrás
cuántos cuentos cuentas tú.

37. El polideportivo

38. Mi pelota (recitado)
Mi pelota sí rebota,
si no rebota es que está rota.
Mi pelota no rebota,
mi papá me compra otra.

39. Olé, olé, olé
Olé, olé, olé,
fútbol, fútbol.

Olé, olé, olé,
fútbol, fútbol,
¿cómo juegas tú al fútbol?

Olé, olé, olé,
tenis, tenis.

Olé, olé, olé,
tenis, tenis,
¿cómo juegas tú al tenis?

Olé, olé, olé,
volley, volley.

Olé, olé, olé,
volley, volley,
¿cómo juegas tú al volley?

40. La fiesta

41. Toco...
Toco guitarra, piano,
la flauta, también violín.

Toco lindas canciones
que me hacen divertir. (2x)

En mi casa tengo
un piano, una guitarra
y un violín

Una flauta con la que toco
dulces canciones para ti.

Toco guitarra, piano,
la flauta, también violín.

Toco lindas canciones
que me hacen divertir. (2x)

42. Todos los patitos
Todos los patitos
se fueron a nadar
y el más chiquitito
no quiso nadar.

La mamá patita
le hizo "tan, tan"
y el patito chico hizo
"cuacuá cuacuá cuacuá cua". (2x)

43. El pañuelo por detrás
El pañuelo por detrás
tris, tras
Ni lo ves, ni lo verás
tris, tras.

Mirar para arriba
que caen hormigas
Mirar para abajo
que caen garbanzos.

Manos adelante
que viene el comandante.
Manos atrás
que viene el capitán.

A dormir, a dormir
que los reyes
van a venir.

¿A qué hora van a venir?
A las tres.

44. Terminan las clases (recitado)
Terminan las clases,
julio se va,
y yo sé leer, escribir y cantar.

Sé hacer dibujitos,
aprendí a recitar,

jugando y cantando,
ya sé trabajar.

45. Con cuatro llamitas
Con cuatro llamitas
me voy a Belén
al lado del Niño,
María y José.

Cruzando los Andes,
la selva y el mar,
por muchos caminos
tendré que andar.

46. Dedo gordo
—Dedo gordo, dedo gordo,
¿dónde estás?
—Aquí estoy.

—Gusto en saludarte,
gusto en saludarte,
ya me voy, ya me voy.

—Y el que indica y el que indica,
¿donde estás?
—Aquí estoy.

—Gusto en saludarte,
gusto en saludarte,
ya me voy, ya me voy.

—Y el corazón, y el corazón,
¿dónde está?
—Aquí estoy.

—Gusto en saludarte,
—gusto en saludarte,
ya me voy, ya me voy.

—Y el anular, y el anular,
¿dónde está?
—Aquí estoy.

—Gusto en saludarte,
gusto en saludarte,
ya me voy, ya me voy.

—Y el meñique y el meñique,
¿dónde está?
—Aquí estoy.

—Gusto en saludarte,
gusto en saludarte,
ya me voy, ya me voy.

Todos los dedos, todos los dedos,
¿dónde están?
—Aquí estamos.

—Gusto en saludarnos,
gusto en saludarnos,
ya nos vamos, ya nos vamos.

47. ¡Ay! Huachitori
¡Ay! Huachi huachi torito,
torito de corralito. (2x)

Ahí viene la vaca,
por el callejón,
trayendo la leche,
para el niñito Dios.

Trayendo la leche,
para el niñito Dios. (2x)

¡Ay! Huachi, huachi torito,
torito de corralito. (2x)

Al niño bonito,
le ofrecen un don,
yo soy pobre, nada tengo,
le ofrezco mi corazón.

¡Ay! Huachi, huachi torito,
torito de corralito.

48. Este dedo
Este dedo es la mamá,
éste otro es el papá.

El más grande es el hermano,
con la nena de la mano.

El chiquito va detrás,
todos salen a pasear.

49. El pie derecho
El pie derecho aquí,
el pie derecho allá,
el pie derecho aquí,
sacudiéndolo muy bien

harás el poqui-poqui
girando en tu lugar
y así lo sabrás bailar.

Con la pierna aquí,
con la pierna allá,

con la pierna aquí,
sacudiéndola muy bien

harás el poqui-poqui,
girando en tu lugar
y así lo sabrás bailar.

Con la cola aquí,
con la cola allá,
con la cola aquí,
sacudiéndola muy bien

harás el poqui-poqui,
girando en tu lugar
y así lo sabrás bailar.

Con todo el cuerpo aquí,
con todo el cuerpo allá,
con todo el cuerpo aquí,
sacudiéndolo muy bien

harás el poqui-poqui,
girando en tu lugar,
y así lo sabrás bailar.

50. Estrellita, ¿dónde estás?
Estrellita, ¿dónde estás?
Quiero verte suspirar
en el cielo, sobre el mar.
Un diamante de verdad,
estrellita dónde estás,
quiero verte titilar.

51. A guardar
A guardar, a guardar
cada cosa en su lugar,
despacito y sin hablar.

52. Bote, botero
Bote, botero
Me dijo un marinero
que cuente los meses del año.

(Enero, febrero, marzo,
abril, mayo, junio,
julio, agosto, setiembre,
octubre, noviembre, diciembre.)

53. Y aquí se rompió una taza
Y aquí se rompió una taza,
y cada quién para su casa.

Colorín colorete,
por la chimenea sale un cohete.

Colorín colorado,
este cuento se ha acabado.

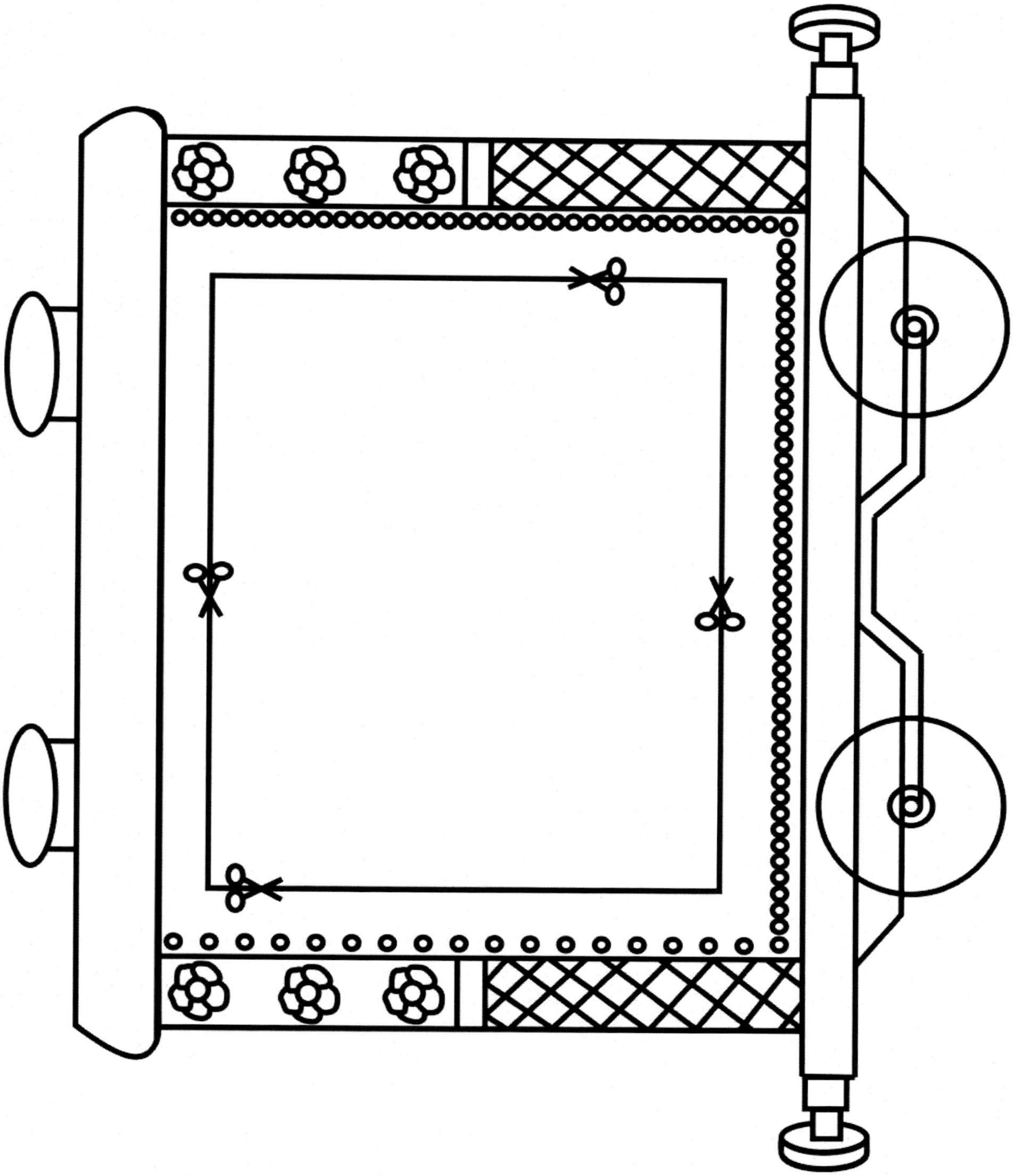

			A  avión
B  barco	C  coche	CH  chocolate	D  dragón
E  elefante	F  fantasma	G  gato	H  helado
I  indio	J  jirafa	K  kilo	L  león
LL 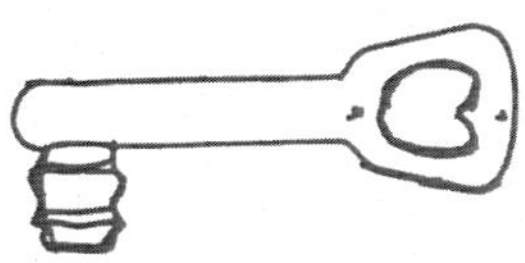 llave	M 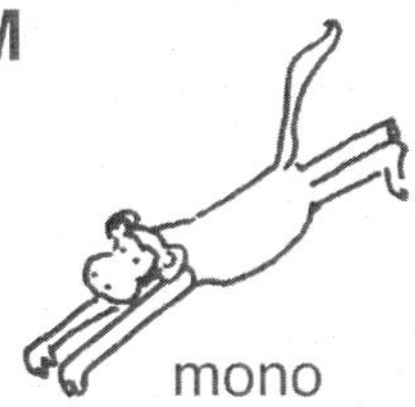 mono	N  niña	Ñ  niño
O  oso	P  perro	Q 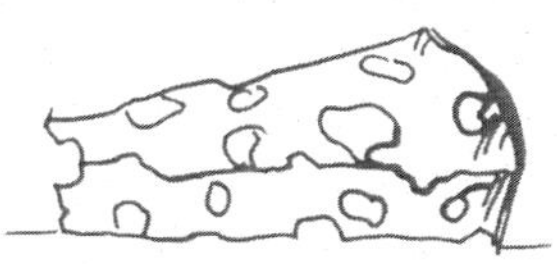 queso	R  ratón
S  serpiente	T  té	U  uno	V  vaca
W  waterpolo	X 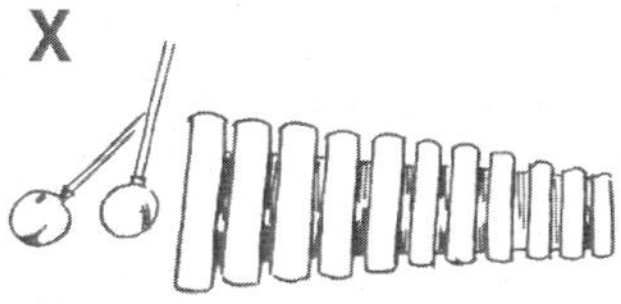 xilófono	Y  yoyó	Z  zapato

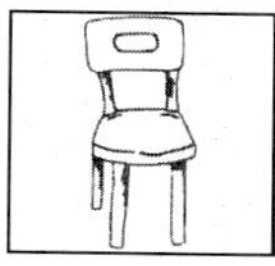 la silla	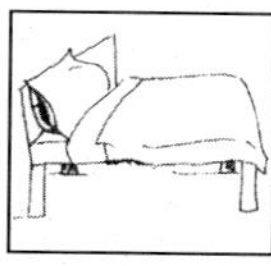 la cama	 la ventana	 el tejado
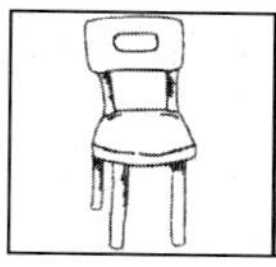 la cama	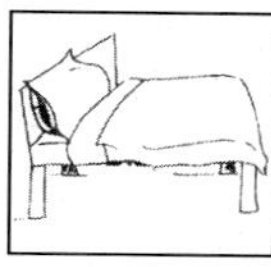 la escalera	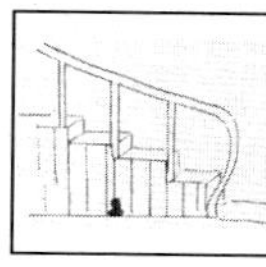 la puerta	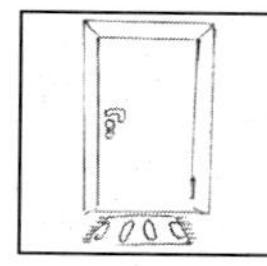 la puerta
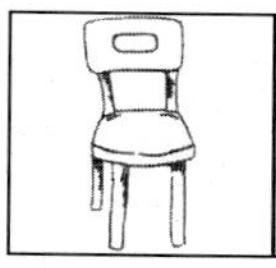 la escalera	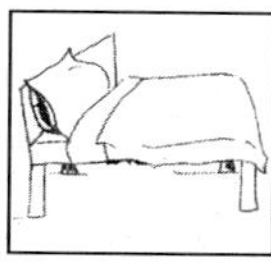 la ventana	 la mesa	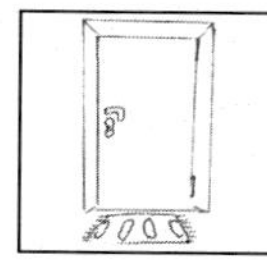 la ventana
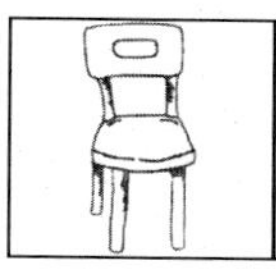 la ventana	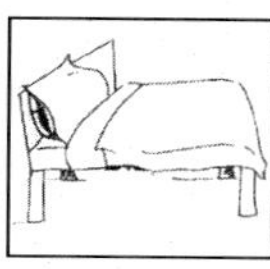 la puerta	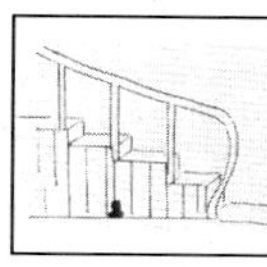 el tejado	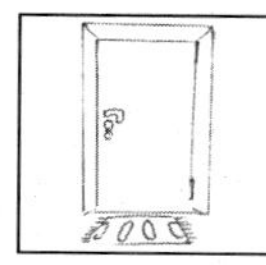 el tejado
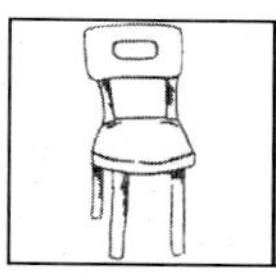 la puerta	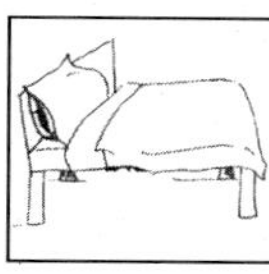 la mesa	 la ventana	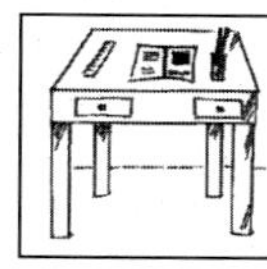 la mesa
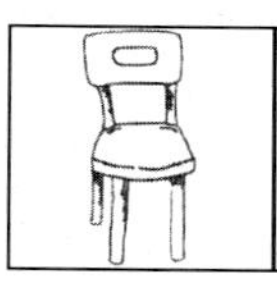 la mesa	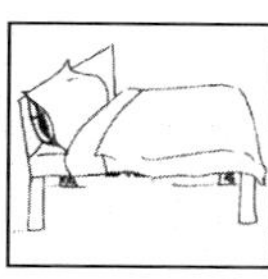 el tejado	 la puerta	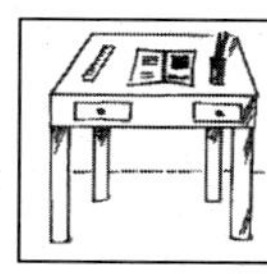 el tejado
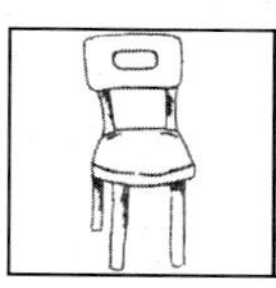 el tejado	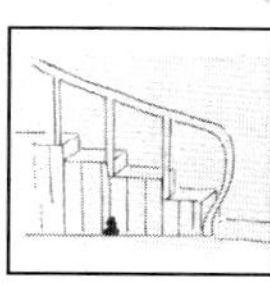 la escalera	 la mesa	 el tejado

	Jorge	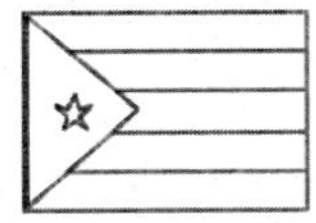 Cuba	cubano
	Klaus	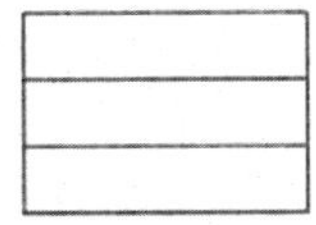 Alemania	alemán
	Cristina	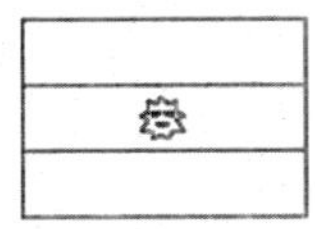 Argentina	argentina
	Carmen	 España	española
	Ly	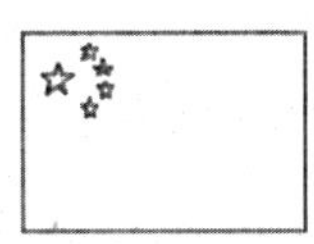 China	china
	Pablito	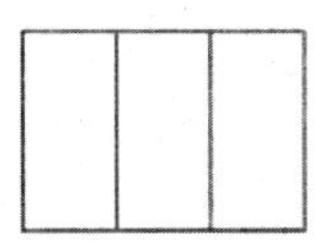 Perú	peruano
	Mariella Cortez	 Colombia	colombiana

Página para fotocopiar nº 5

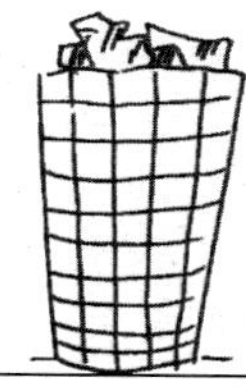

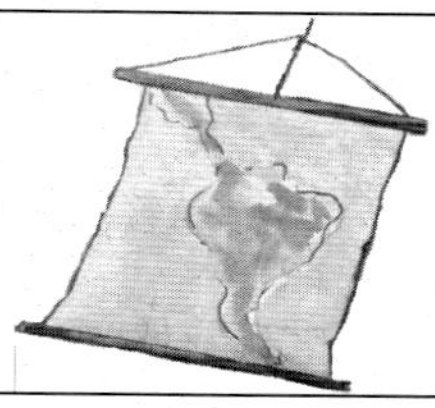

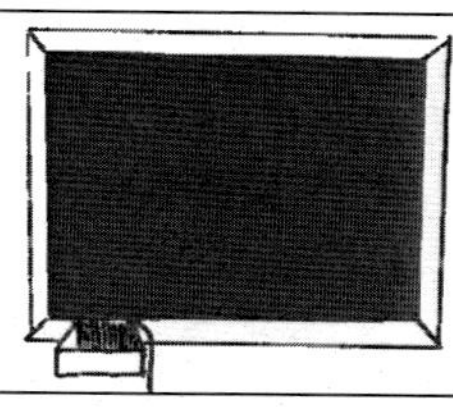

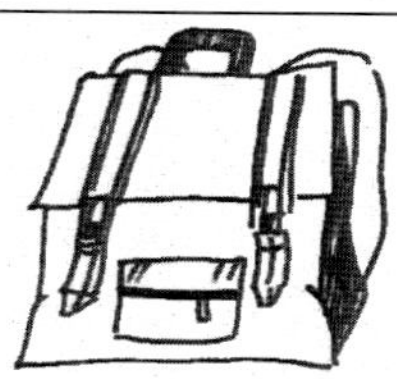

Página para fotocopiar nº 6

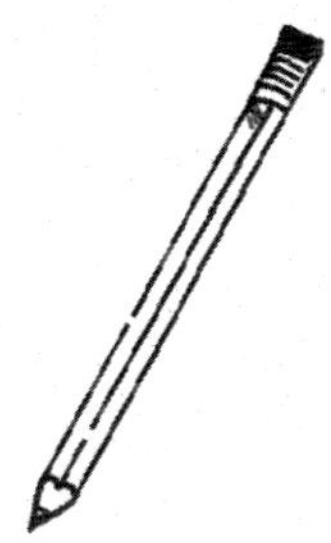

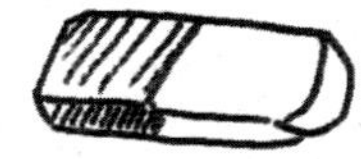

(fotocopiar 2 ×)

una estación de tren	un parque	un polideportivo
una iglesia	un hospital	un cole
un teatro	un aeropuerto	una biblioteca
un cine	un aparcamiento	un banco

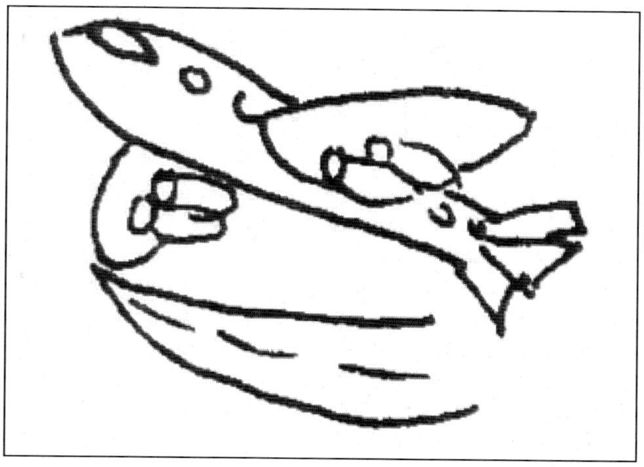

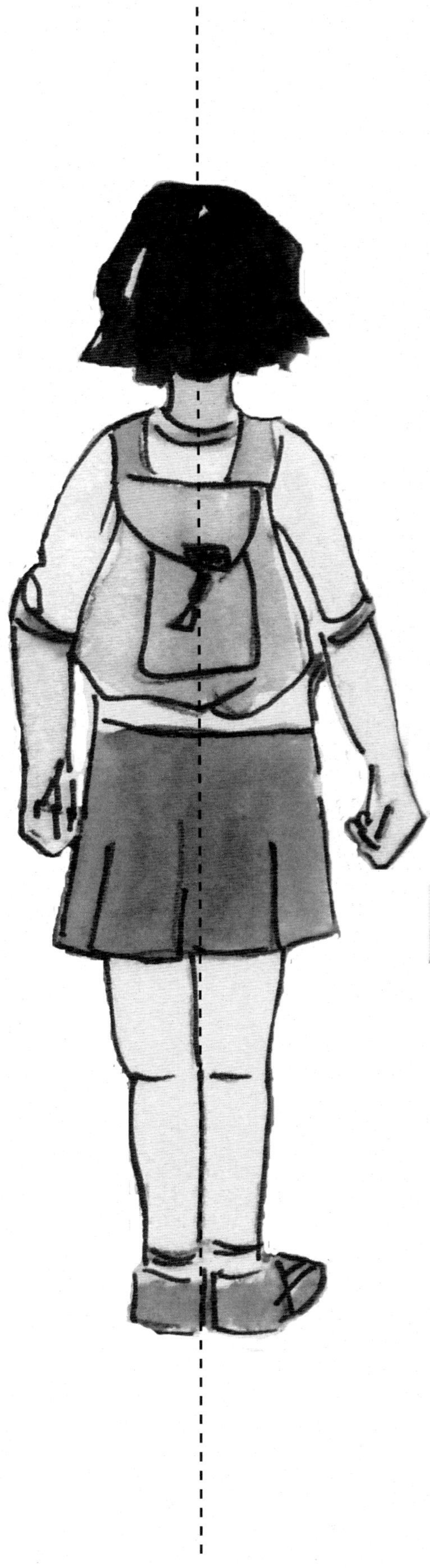

AMPLIAR AL 141%

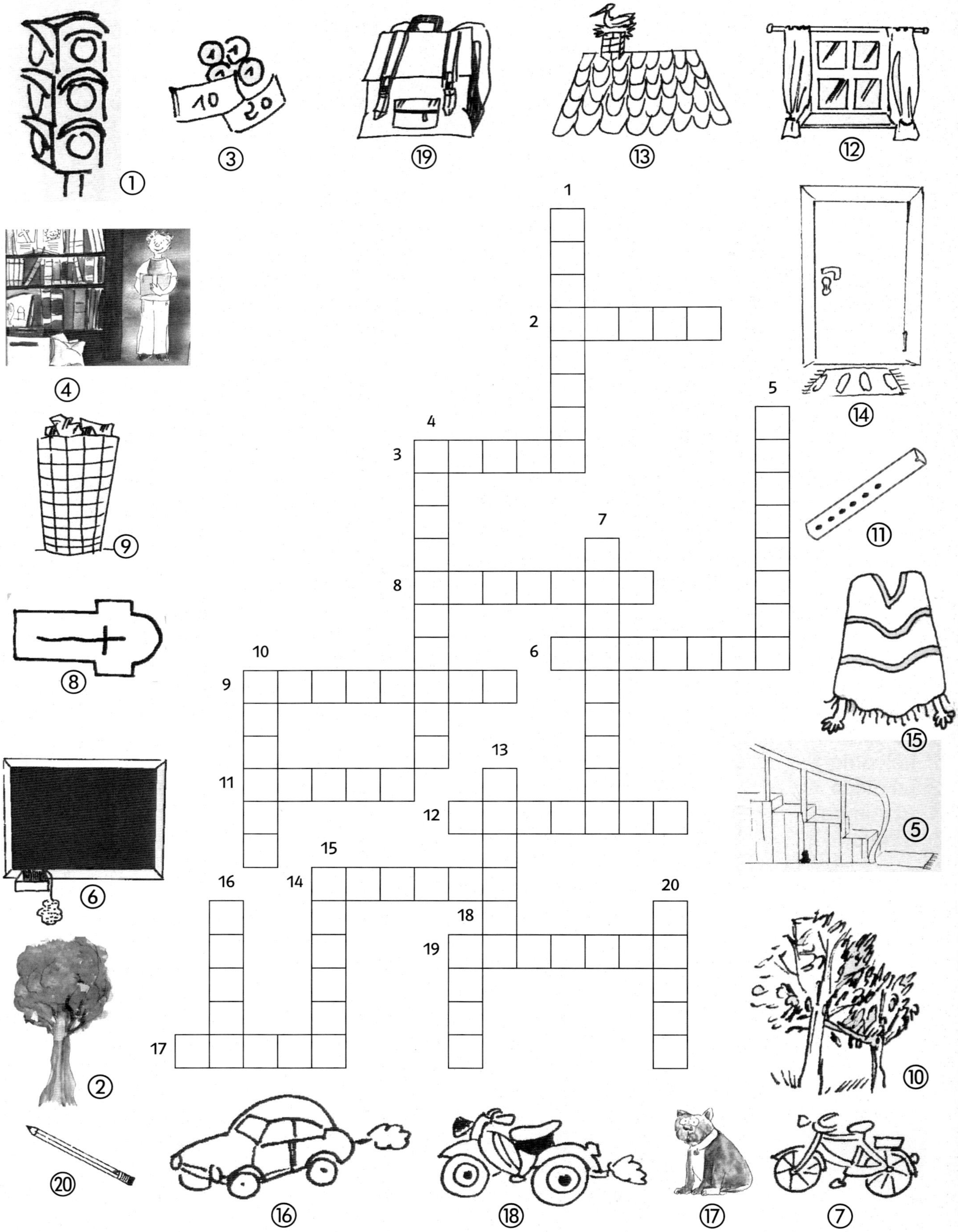

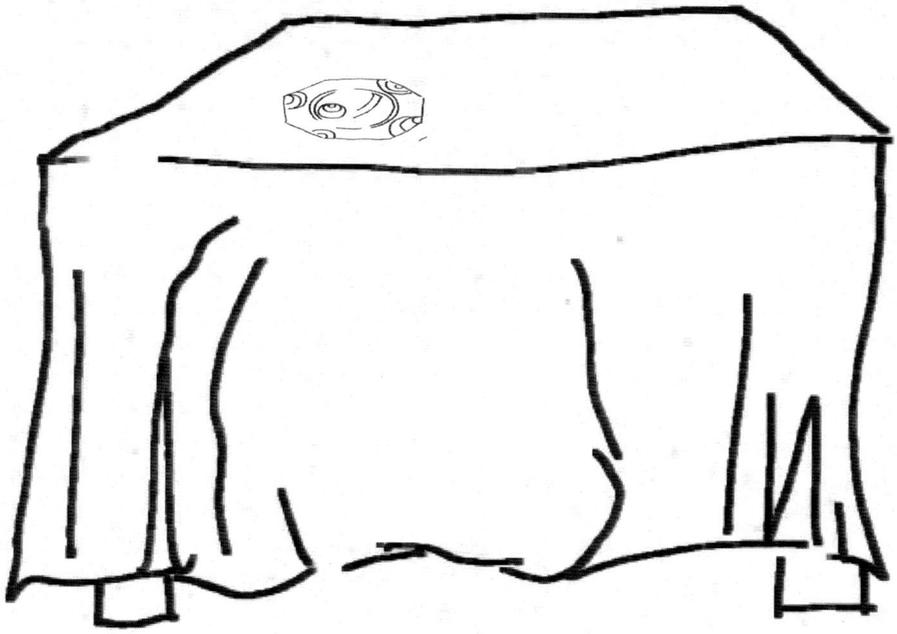

Restaurante ....

bocadillos precios

otros precios

bebidas precios

helados precios

postres precios

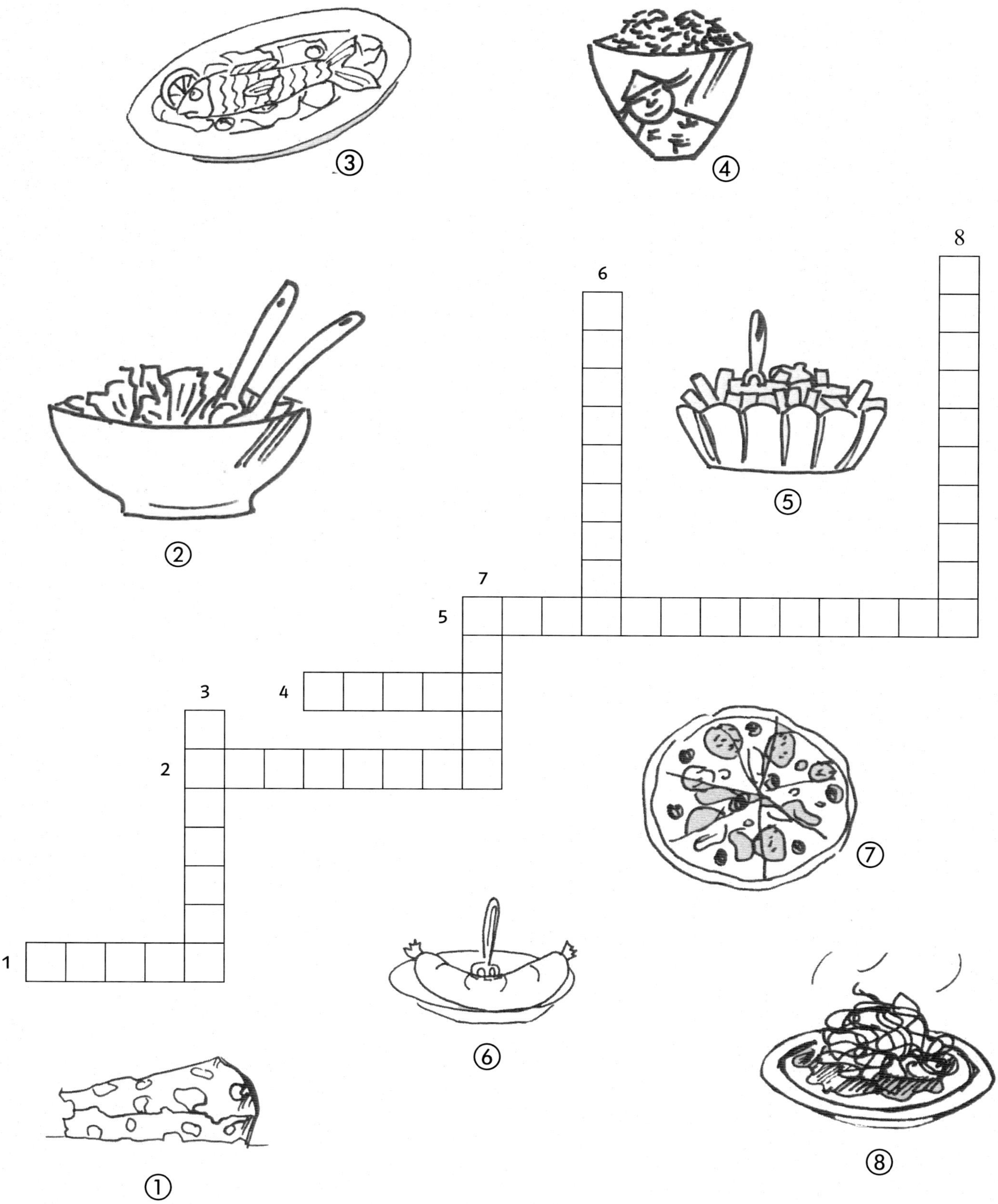
③
④
8
6
②
⑤
7
5
3
4
2
⑦
1
⑥
⑧
①

Página para fotocopiar nº 16

el payaso	el futbolista	la profesora
el camarero	el músico	el panadero

LUNES 2

el lunes 2
voy a

MARTES 3

el martes 3
voy a

MIÉRCOLES 4

el miércoles 4
voy a

JUEVES 5

el jueves 5
voy a

VIERNES 6

el viernes 6
voy a

SÁBADO 7

el sábado 7
voy a

DOMINGO 8

el domingo 8
voy a

el museo, el parque, la piscina, jugar al fútbol,
el polideportivo, la biblioteca, el restaurante

enero	febrero	marzo
abril	mayo	junio
julio	agosto	setiembre
octubre	noviembre	diciembre

Carnet de la biblioteca

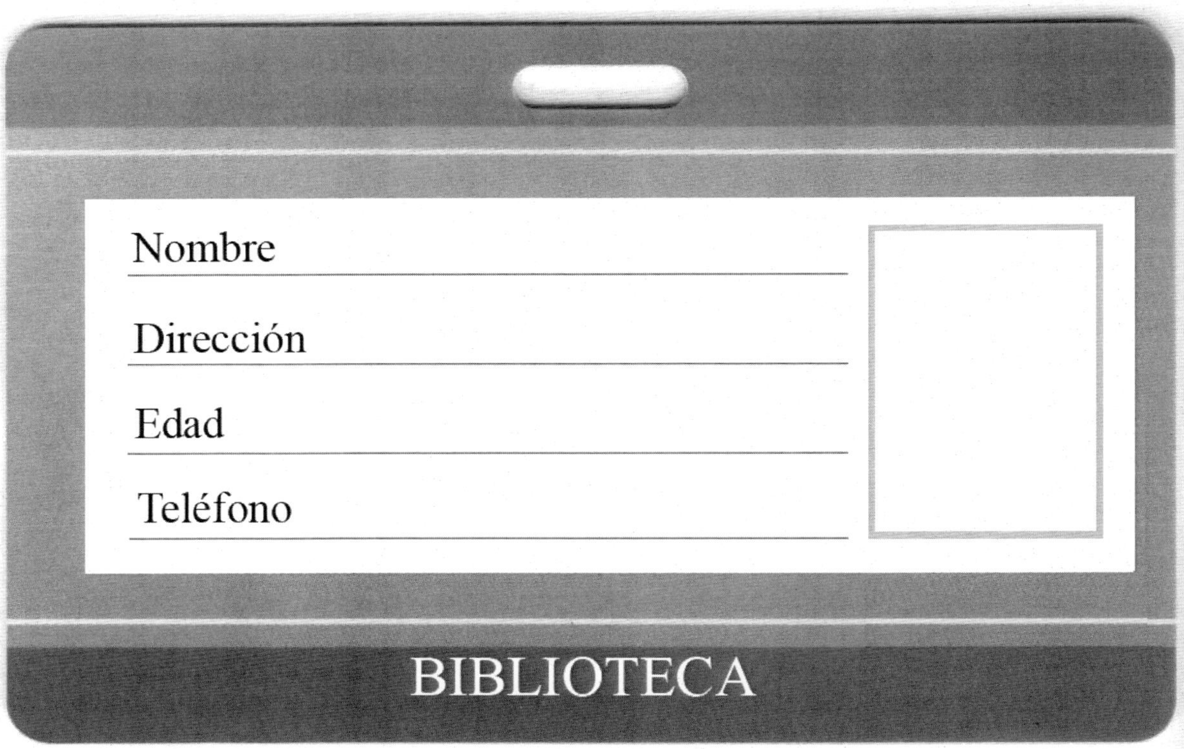

Juguemos al bingo

B	I	N	G	O

1	2	3	4	5	6	7	8	9	10
11	12	13	14	15	16	17	18	19	20
21	22	23	24	25	26	27	28	29	30
31	32	33	34	35	36	37	38	39	40
41	42	43	44	45	46	47	48	49	50
51	52	53	54	55	56	57	58	59	60
61	62	63	64	65	66	67	68	69	70
71	72	73	74	75	76	77	78	79	80
81	82	83	84	85	86	87	88	89	90
91	92	93	94	95	96	97	98	99	100

Página para fotocopiar nº 21

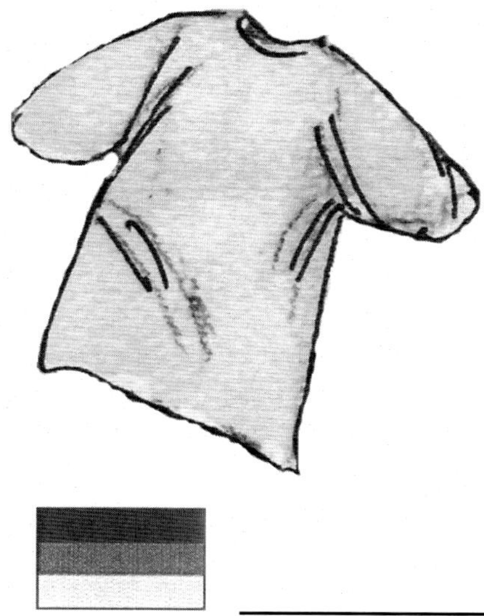

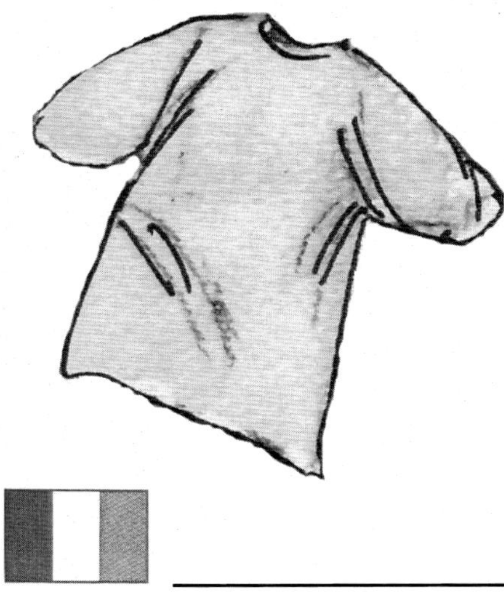

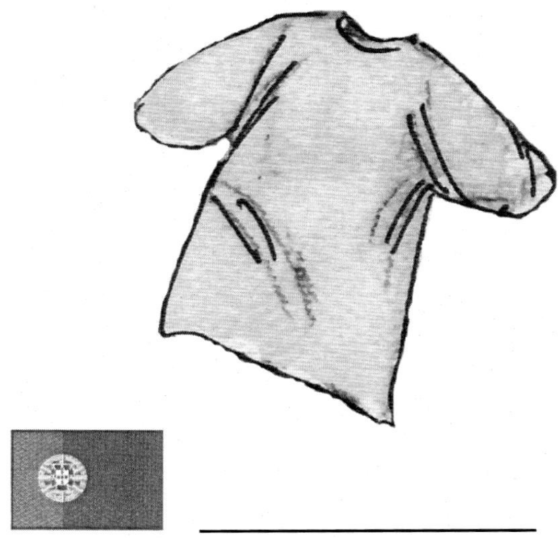

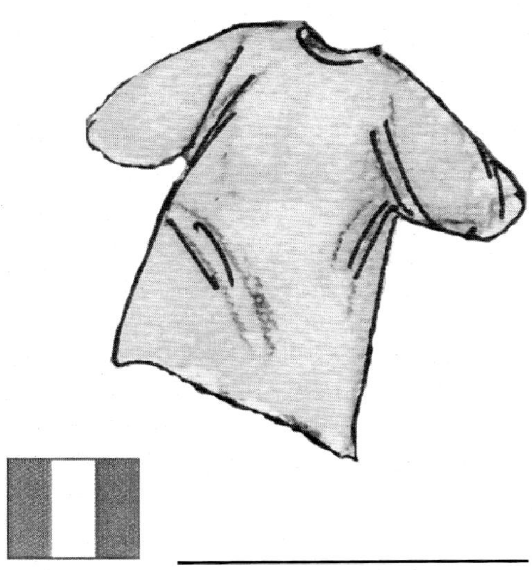

Camiseta de Alemania:	blanco, negro, amarillo, rojo
Camiseta de Francia:	azul, blanco, rojo
Camiseta de Portugal:	granate, verde
Camiseta de Italia:	azul

el fútbol

la gimnasia

el tenis

la equitación

el baloncesto

la natación

el ciclismo

el esquí